TARÔ DOS ORIXÁS

Ademir Barbosa Júnior
(Dermes)

TARÔ DOS ORIXÁS

© 2019, Editora Anúbis

Revisão:
Tânia Hernandes

Ilustrações:
Miro Souza

Imagem de capa:
© DiversityStudio1 | Dreamstime.com

Projeto gráfico e capa:
Edinei Gonçalves

Dados Internacionais de Catalogação na Publicação (CIP)
(Câmara Brasileira do Livro, SP, Brasil)

Barbosa Júnior, Ademir
  Tarô dos orixás / Ademir Barbosa Júnior. -- São Paulo: Anúbis, 2015.

  Bibliografia.
  ISBN 978-85-67855-27-1

  1. Orixás 2. Tarô I. Título.

15-01893   CDD-133.32424

Índices para catálogo sistemático:
1. Tarô dos orixás : Artes divinatórias : Ciências ocultas   133.32424

São Paulo/SP – República Federativa do Brasil
Printed in Brazil – Impresso no Brasil

Este livro segue as novas regras do Acordo Ortográfico da Língua Portuguesa.

Os direitos de reprodução desta obra pertencem à Editora Anúbis. Portanto, não é permitida a reprodução total ou parcial desta obra, de qualquer forma ou por qualquer meio eletrônico, mecânico, inclusive por meio de processos xerográficos, incluindo ainda o uso da internet, sem a permissão expressa por escrito da Editora (Lei nº 9.610, de 19.2.98).

Distribuição exclusiva
Aquaroli Books
Rua Curupá, 801 – Vila Formosa – São Paulo/SP
CEP 03355-010 – Tel.: (11) 2673-3599
atendimento@aquarolibooks.com.br

O oráculo é mutável, assim como os homens que o interrogam.

(Albert Cousté)

SUMÁRIO

Orixás.................................. 9
Tarô de Marselha......................... 17
Tarô dos Orixás.......................... 25
    0 – Zé Pelintra..................... 28
    I – Ossaim.......................... 31
    II – Nanã........................... 34
    III – Iemanjá....................... 37
    IV – Xangô.......................... 39
    V – Oxalá........................... 42
    VI – Oxóssi......................... 44
    VII – Ogum.......................... 47
    VIII – Obá.......................... 50
    IX – Obaluaê........................ 52
    X – Orumilá/Ifá..................... 55
    XI – Iansã.......................... 59

TARÔ DOS ORIXÁS

XII – Logun-Edé	61
XIII – Babá Egun	63
XIV – Oxumaré	67
XV – Exu	70
XVI – Tempo	76
XVII – Oxum	78
XVIII – Euá	81
XIX – Ibejis	83
XX – Pretos-Velhos	85
XXI – Caboclos	88
Métodos de Leitura	93
Três Cartas	95
Cruz Celta	97
Roda Astrológica	99
Bibliografia	151
O Autor	153

ORIXÁS

A fim de não estender muito o possível debate dialógico, este capítulo procurará apresentar uma visão geral dos Orixás sem alongar-se nas diferenças de conceitos entre Candomblé e Umbanda.

Etimologicamente e em tradução livre, Orixá significa "a divindade que habita a cabeça" (Em iorubá, "ori" é cabeça, enquanto "xá", rei, divindade.), e é associado comumente ao diversificado panteão africano, trazido à América pelos negros escravos. A Umbanda Esotérica, por sua vez, reconhece no vocábulo Orixá a corruptela de "Purushá", significando "Luz do Senhor" ou "Mensageiro do Senhor".

Cada Orixá relaciona-se a pontos específicos da natureza, os quais são também pontos de força de sua atuação. O mesmo vale para os chamados quatro elementos: fogo, terra, ar e água.

Portanto, os Orixás são agentes divinos, verdadeiros ministros da Divindade Suprema (Deus, Princípio Primeiro, Causa Primeira etc.), presentes nas mais diversas culturas e tradições espirituais/religiosas, com nomes e cultos diversos, como os Devas indianos.

Visto que o ser humano e seu corpo estão em estreita relação com o ambiente (O corpo humano em funcionamento contém em si água, ar, componentes associados a terra, além de calor, relacionado ao fogo.), seu Orixá pessoal tratará de cuidar para que essa relação seja a mais equilibrada possível.

Tal Orixá, Pai ou Mãe de Cabeça, é conhecido comumente como Eledá e será responsável pelas características físicas, emocionais, espirituais etc. de seu filho, de modo a espelhar nele os arquétipos de suas características, encontrados nos mais diversos mitos e lendas dos Orixás. Auxiliarão o Eledá nessa tarefa outros Orixás, conhecidos como Juntós, ou Adjuntós, conforme a ordem de influência, e ainda outros.

Na chamada "coroa de um médium de Umbanda" ainda aparecem os Guias e as Entidades, em trama e enredo bastante diversificados. Embora, por exemplo, geralmente se apresente para cada médium um Preto-Velho,

ORIXÁS

há outros que o auxiliam, e esse mesmo Preto-Velho poderá, por razões diversas, dentre elas missão cumprida, deixar seu médium e partir para outras missões, inclusive em outros planos.

De modo geral, a Umbanda não considera os Orixás que descem ao terreiro como energias e/ou forças supremas desprovidas de inteligência e individualidade. Para os africanos, e tal conceito reverbera fortemente no Candomblé, Orixás são ancestrais divinizados, que incorporam conforme a ancestralidade, as afinidades e a coroa de cada médium.

No Brasil, teriam sido confundidos com os chamados Imolês, isto é, Divindades Criadoras, acima das quais aparece um único Deus: Olorum ou Zâmbi.

Na linguagem e concepção umbandistas, portanto, quem incorpora numa gira de Umbanda não são os Orixás propriamente ditos, mas seus falangeiros, em nome dos próprios Orixás. Tal concepção está de acordo com o conceito de ancestral (espírito) divinizado (e/ou evoluído) vivenciado pelos africanos que para cá foram trazidos como escravos.

Mesmo que essa visão não seja consensual (Há quem defenda que tais Orixás já encarnaram, enquanto outros segmentos umbandistas – a maioria, diga-se de passagem – rejeitam esse conceito.), ao menos se admite no meio umbandista que o Orixá que incorpora possui um grau adequado de adaptação à energia dos encarnados, o que seria incompatível para os Orixás hierarquicamente superiores. Na pesquisa feita por Miriam de Oxalá a respeito da ancestralidade e da divinização de ancestrais, aparece, dentre outras fontes, a célebre pesquisadora Olga Guidolle Cacciatore, para quem,

> [...] os Orixás são intermediários entre Olórun, ou melhor, entre seu representante (e filho) Oxalá e os homens. Muitos deles são antigos reis, rainhas ou heróis divinizados, os quais representam as vibrações das forças elementares da Natureza – raios, trovões, ventos, tempestades, água, fenômenos naturais como o arco-íris, atividades econômicas primordiais do homem primitivo – caça, agricultura – ou minerais, como o ferro que tanto serviu a essas atividades de sobrevivência, assim como às de extermínio na guerra. [...]

Entretanto, e como o tema está sempre aberto ao diálogo, à pesquisa, ao registro de impressões, conforme observa o médium umbandista e escritor Norberto Peixoto, é possível incorporar a forma-pensamento de um Orixá, a qual é plasmada e mantida pelas mentes dos encarnados. Em suas palavras,

> [...] era dia de sessão de preto(a) velho(a). Estávamos na abertura dos trabalhos, na hora da defumação. O congá 'repentinamente' ficou vibrado com o orixá Nanã, que é considerado a mãe maior dos orixás e o seu axé (força) é um dos sustentadores da egrégora da Casa desde a sua fundação, formando par com Oxóssi. Faltavam poucos dias para o amaci (ritual de lavagem da cabeça com ervas maceradas), que tem por finalidade fortalecer a ligação dos médiuns com os orixás regentes e guias espirituais. Pedi um ponto cantado de Nanã Buruquê, antes dos cânticos habituais. Fiquei envolvido com uma energia lenta, mas firme. Fui transportado mentalmente para a beira de um lago lindíssimo e o orixá Nanã me 'ocupou', como se entrasse em meu corpo astral ou se interpenetrasse com ele, havendo uma incorporação total. (...) Vou explicar com sinceridade e sem nenhuma comparação, como tanto vemos por aí, como se a manifestação de um ou outro (dos espíritos na umbanda versus dos

orixás em outros cultos) fosse mais ou menos superior, conforme o pertencimento de quem os compara a uma ou outra religião. A 'entidade' parecia um 'robô', um autômato sem pensamento contínuo, levado pelo som e pelos gestos. Sem dúvida, houve uma intensa movimentação de energia benfeitora, mas durante a manifestação do orixá minha cabeça ficou mentalmente vazia, como se nenhuma outra mente ocupasse o corpo energético do orixá que dançava, o que acabei sabendo depois tratar-se de uma forma-pensamento plasmada e mantida 'viva' pelas mentes dos encarnados.

No cotidiano dos terreiros, por vezes o vocábulo Orixá é utilizado também para Guias. Nessas casas, por exemplo, é comum ouvir alguém dizer antes de uma gira de Pretos-Velhos: "Precisamos preparar mais banquinhos, pois hoje temos muitos médiuns e, portanto, aumentará o número de Orixás em terra.".

Na compreensão das relações entre os Orixás, as leituras são múltiplas: há, por exemplo, quem considere Inlé e Ibualama Orixás independentes, enquanto outros os associam como qualidades de Oxóssi. Algo semelhante ocorre, dentre outros, com Airá, ora visto como qualidade de Xangô, ora como Orixá a ele associado, e com Aroni, a serviço de Ossaim, ou seu mentor, ou o próprio Ossaim.

Com características muito semelhantes, na tradição Angola cada Orixá é chamado de Inquice. No Candomblé Jeje, Vodum.

Em África eram conhecidos e cultuados centenas de Orixás.

TARÔ DE MARSELHA

O Tarô consiste num oráculo, num instrumento de autoconhecimento, de observação e apreensão da realidade consultado por meio de cartas.

Ao longo da história, Tarô e cartas acabaram por confundir-se. Sua atual estrutura, fixada no século XVI, compõe-se de 78 cartas divididas entre Arcanos Maiores (22 cartas) e Arcanos Menores (56 cartas). Dos Arcanos Menores, veio o baralho de cartas utilizado para diversos jogos, o qual se desfez da figura do Cavaleiro.

A origem das cartas de Tarô é antiquíssima. Alguns pesquisadores associam os Arcanos Maiores ao *Livro de Thoth*, dos egípcios. Outros estabelecem ligação entre os Arcanos Menores e os jogos orientais. Não se sabe ao certo se ambos os tipos de Arcanos formavam originalmente um só conjunto ou se foram reunidos posteriormente. Como as cartas (Ou lâminas, numa terminologia mais técnica.), nas mais diversas representações no tempo e no espaço, tratam de arquétipos universais – e o objetivo deste capítulo não é estabelecer a história do Tarô, o que diversos bons autores já fizeram –, todas as atenções se concentrarão no tipo de baralho estudado: o Tarô de Marselha.

Já no final do século XV, as cartas de Tarô italianas sofreram diversas modificações. Populares na Europa, principalmente na França, as cartas do Tarô de Marselha passaram a trazer as figuras dos 22 Arcanos Maiores e as 56 figuras dos Arcanos Menores representadas inteiramente e não apenas com a metade duplicada em sentido oposto.

Independentemente da procedência do baralho, na Europa dessa época, as cartas dos Arcanos Maiores eram conhecidas em francês. Já os naipes, em italiano.

A numeração em algarismos romanos permaneceu ao longo do tempo, bem como os nomes por extenso dos Arcanos Maiores, exceção feita, na maioria dos baralhos, à carta XIII – *A Morte*.

Há tantas maneiras de se representar os Arcanos Maiores quanto os baralhos de Tarô. Mesmo o Tarô de Marselha não apresenta um único modelo de representação, pois há pequenas variações de figuras, detalhes, cores etc.

O baralho que serve de estudo para este livro constitui-se num dos mais populares. Todavia, há duas ocorrências que não podem deixar de ser frisadas quando se comparam os Tarôs de Marselha e de Rider (Cujas ilustrações foram organizadas por Arthur Edward Waite e Pámela Colman Smith.).

No Tarô de Rider, segundo alguns estudiosos, por influência da Cabala, desconsideram-se as posições originais das cartas *A Justiça* e *A Força*, que passam a ser, respectivamente, as de número XI e VIII. Outra observação digna de nota: no Tarô de Marselha, na carta XII, *O Enforcado* aparece suspenso pelo pé esquerdo (que representa o inconsciente); já no de Rider, pelo pé direito (que representa o consciente).

Os Arcanos Maiores, numerados de I a XXI, contêm ainda uma carta não numerada, *O Louco*, que ora pode corresponder a 0 (Como quando se refere ao futuro, na somatória do Método das Três Cartas e quando se identifica a chamada carta por trás.), ora a 22 (Quando se refere ao passado ou ao presente.).

A numeração, no Tarô de Marselha, traz ainda algumas particularidades, como no caso da representação em algarismos romanos das cartas 4 (IIII), 9 (VIIII), 14 (XIIII) e 19 (XVIIII).

Tradicionalmente, as chamadas cartas positivas respondem a perguntas como "sim" e/ou "favorável". As negativas, como "não" e/ou "desfavorável". As que representam dúvida necessitam de outra carta para confirmação de sim/não ou favorável/desfavorável. Neste livro, trabalharemos esses conceitos no Método das Três Cartas e na chamada Cruz Céltica.

ARCANOS MAIORES	RESPOSTAS
O Louco	Sim/Favorável
I – O Mago	Sim/Favorável
II – A Papisa	Sim/Favorável
III – A Imperatriz	Sim/Favorável
IIII – O Imperador	Sim/Favorável
V – O Papa	Sim/Favorável
VI – Os Enamorados	Talvez/Dúvida
VII – O Carro	Sim/Favorável
VIII – A Justiça	Sim/Favorável
VIIII – O Ermitão	Sim/Favorável
X – A Roda da Fortuna	Sim/Favorável
XI – A Força	Sim/Favorável
XII – O Enforcado	Não/Desfavorável

TARÔ DE MARSELHA

ARCANOS MAIORES	RESPOSTAS
XIII – A Morte	Não/Desfavorável
XIIII – A Temperança	Sim/Favorável
XV – O Diabo	Não/Desfavorável
XVI – A Torre	Não/Desfavorável
XVII – A Estrela	Sim/Favorável
XVIII – A Lua	Não/Desfavorável
XVIIII – O Sol	Sim/Favorável
XX – O Julgamento	Talvez/Dúvida
XXI – O Mundo	Sim/Favorável

Grosso modo, com base no esquema apresentado por Carlos Godo, as cartas de I a VII representam o desenvolvimento do homem para triunfar nos campos da matéria e do espírito. As cartas de VIII a XII apresentam mensagens, avisos, recados sobre perigos e dificuldades (As cartas de VIII a X apontam para a conscientização, ao passo que as de números XI e XII indicam os mecanismos/processos para o ser humano, consciente, vencer os obstáculos.).

As cartas de números XIII, XIIII e XV identificam forças utilizadas ou combatidas para a evolução interior. A carta XVI significa ruptura, transição. Já as cartas de números XVII, XVIII e XVIIII indicam situações que dependem de fatores externos (XVII: início; XVIII: passividade/inércia; XVIIII: síntese das duas cartas anteriores/situação ideal). A carta XXI evoca o sucesso.

Se os Arcanos – Maiores e Menores – representam arquétipos, sua leitura/interpretação não pode ser hermética, uma vez que o ser humano é bastante complexo. Arquétipos constituem-se em representações abertas a novos acontecimentos, novas realidades. Ou, então, por exemplo, a carta V – *O Papa*, na casa 7 da Roda Astrológica, representaria eternamente o sacerdócio tradicional, e não outras formas de liderança espiritual.

> **Arcano** (arcanus), adv. Em segredo, secretamente, em particular. **arcanum, i** (arcanus), n. Segredo, mistério. **arcanus, a, um** (arca), adj. 1. Discreto, escondido. 2. Oculto, secreto. 3. (Rel.). Misterioso, mágico.

Cada Arcano Maior apresenta aspectos de luz e sombra, geralmente representados pelas posições das cartas, comumente conhecidas como "posição correta" e "posição invertida". Evidentemente, tais posições decorrem da maneira como se misturam e dispõem as cartas. Entretanto, muitos tarólogos preferimos desconsiderar a chamada "posição invertida", de modo a trabalhar os aspectos de luz e sombra conforme a própria disposição do jogo.

Por exemplo, a carta 2 do jogo chamado Cruz Céltica é conhecida como "obstáculo". Nesse contexto, caso a carta disposta seja a XXI – *O Mundo*, certamente deverão ser considerados os aspectos de sombra do Arcano.

Além disso, todos os estudos de Tarô devem ser amparados pela intuição, pelo bom senso e pela prática constante de jogos, o que, de modo natural, evita dúvidas e/ou leituras equivocadas.

No Tarô, nenhum símbolo é tomado ao pé da letra, em sentido absoluto. Dessa forma, a carta V – *O Papa* não representa necessariamente o líder máximo católico; a *Árvore da Vida* e a *Estrela dos Magos* presentes na carta XVII, bem como os anjos que aparecem em algumas cartas não pedem uma leitura literal do texto bíblico.

Exatamente porque o Tarô trabalha com arquétipos universais, ao longo do livro o leitor encontrará correlações com universos culturais os mais diversos: Antiguidade Clássica, Candomblé etc.

Ao estudarmos as características de cada Arcano Maior, observaremos que nenhuma força e/ou polaridade é negada. Ao contrário, para encontrar o equilíbrio, o ser humano não pode obscurecer nenhuma de suas características, ainda que negativas, conforme demonstra a carta XI – *A Força*. Deve, portanto, literalmente fazer de sua fraqueza, força: Se alguém, por exemplo, é agressivo, que tal canalizar essa agressividade para o esporte ou mesmo para vencer desafios – de maneira firme e ao mesmo tempo suave – no mundo dos negócios?

TARÔ DOS ORIXÁS

O Tarô dos Orixás, conforme foi por nós organizado, tem como base o Tarô de Marselha e seus significados. A cada carta dos Arcanos Maiores é associado um Orixá ou Guia, ou ainda um Ancestral (como na carta XIII).

O tarólogo poderá:

a) Trabalhar com a intuição e/ou vidência ou incorporação;

b) Combinar as informações do Tarô de Marselha (Significados e significados opostos apresentados com palavras-chave.) e os recados dos Orixás;

c) Utilizar os recados dos Orixás, suas características, forças, relatos mitológicos etc. para compor a leitura.

Outras formas de leitura podem, ainda, ser sistematizadas.

Os métodos variam, contudo ressalto um aspecto: só se devem identificar, reconhecer e revelar os Orixás do consulente se a pessoa estiver realmente preparada e autorizada pela própria Espiritualidade.

Em tempo: "Metá-metá" ou "metametá" são denominados os Orixás de natureza dupla, que carregam a energia masculina e feminina; certamente também pela semelhança com o vocábulo português "metade". Contudo, em iorubá, "méta-méta" significa "três ao mesmo tempo". No caso de Logun-Edé, por exemplo, seria metá-metá porque traz em si a sua natureza, a do pai (Oxóssi) e a da mãe (Oxum).

> **MODELO DE APRESENTAÇÃO DAS CARTAS DO TARÔ DOS ORIXÁS**
> **Número da carta – Orixá** (Guia ou Ancestral)
> **Descrição do Orixá** (Guia ou Ancestral)
> **Significado** (Tarô de Marselha – palavras-chave)
> **Significado oposto** (Tarô de Marselha – palavras-chave)
> **Recado do Orixá** (Guia ou Ancestral)

TARÔ DOS ORIXÁS

Cartas "positivas" (resposta favorável), "negativas" (resposta desfavorável) ou representando "talvez" (dúvida)	
ARCANOS MAIORES	RESPOSTAS
0 – Zé Pelintra	Sim/Favorável
I – Ossaim	Sim/Favorável
II – Nanã	Sim/Favorável
III – Iemanjá	Sim/Favorável
IV – Xangô	Sim/Favorável
V – Oxalá	Sim/Favorável
VI – Oxóssi	Talvez/Dúvida
VII – Ogum	Sim/Favorável
VIII – Obá	Sim/Favorável
IX – Obaluaê	Sim/Favorável
X – Orumilá/Ifá	Sim/Favorável
XI – Iansã	Sim/Favorável
XII – Logun-Edé	Não/Desfavorável
XIII – Babá Egun	Não/Desfavorável
XIV – Oxumaré	Sim/Favorável
XV – Exu	Não/Desfavorável
XVI – Tempo	Não/Desfavorável
XVII – Oxum	Sim/Favorável
XVIII – Euá	Não/Desfavorável
XIX – Ibejis	Sim/Favorável
XX – Pretos-Velhos	Talvez/Dúvida
XXI – Caboclos	Sim/Favorável

O - ZÉ PELINTRA

Os Malandros costumam trabalhar para diversos assuntos: no desmanche de magias deletérias, na abertura de caminhos, em curas.

A capacidade espiritual elevada e a flexibilidade talvez sejam mais bem representadas por Zé Pelintra (ou Zé Pilintra), que se apresenta, por exemplo, no Catimbó e, na Umbanda, nas giras de Malandros, na Linha das Almas, entre os Baianos e, embora não seja propriamente Exu, na Esquerda (Como diz um célebre ponto, "Na direita ou na esquerda/seu serviço é aprovado.".). Dentre as Malandras, uma das mais célebres é Maria Navalha. Brincalhões, gostam de dançar, de festas, vestem-se com aprumo: em especial com terno branco, sapato branco ou branco e vermelho, chapéu branco com fita vermelha ou chapéu de palha, gravata vermelha e bengala. Fumam cigarros, cigarrilhas ou charutos, bebem batida, conhaque, uísque, cerveja e outros.

Suas guias variam, podendo ser, por exemplo, vermelhas e brancas, vermelhas e pretas, brancas e pretas, de coquinho com olho-de-exu etc. Seus pontos de força são morros, cemitérios, encruzilhadas e outros. Nas portas de terreiro, por vezes, há uma imagem de Malandro, pois costumam tomar conta de entradas, portas e similares. Pela Lei de Evolução, os Malandros podem vir a se tornar Exus, continuando seu trabalho de assistência e proteção.

Trata-se de espíritos que geralmente, em vida, se envolveram com jogos, boemia, prostituição e outros, trabalhando para a Luz, utilizando-se da malandragem sadia para driblar situações negativas, sempre respeitando o livre-arbítrio, ensinando a todos não a puxar o tapete de alguém, mas a ficar esperto para não deixar que ninguém puxe o seu.

O Zé Pelintra histórico, arquétipo maior dos Malandros, é identificado com a figura de José dos Anjos, nascido no interior de Pernambuco, negro forte que adorava jogar, beber, brigar e era mulherengo.

Era especialmente bondoso com as mulheres. Levava o jogo a sério, mas não enganava os ingênuos, chegando a dispensá-los dos jogos. Quanto aos que se pretendiam espertos, enganava-os nos dados e nas cartas, buscando sempre levar a melhor, enquanto bebia prazerosamente. Teve morte misteriosa, atribuída por muitos a uma de suas amantes, que teria sido responsável por seu envenenamento.

SIGNIFICADO

Passividade. Abertura de novos horizontes. Início de novo processo. Possibilidade. Entusiasmo juvenil.

SIGNIFICADO OPOSTO

Inconsequência. Impulso cego. Falta de direção.

RECADO DO SEU ZÉ

A honestidade é um ótimo caminho. Não se deve puxar o tapete de ninguém, mas aprender a não deixar que os outros puxem o seu. O planejamento favorece o sucesso de toda e qualquer caminhada. A alegria supera as convenções e os protocolos.

1 - OSSAIM

Orixá das plantas e das folhas, presentes nas mais diversas manifestações do culto aos Orixás, é, portanto, fundamental. Célebre provérbio dos terreiros afirma "Ko si ewé, ko si Orisà", o que, em tradução livre do iorubá significa "Sem folhas não há Orixá.".

Em algumas casas é cultuado como iabá (Orixá feminino). Alguns segmentos umbandistas trabalham com Ossaim, enquanto elemento masculino, e Ossanha, como elemento feminino.

Juntamente com Oxóssi, rege as florestas e é senhor dos segredos medicinais e magísticos do verde. Representa a sabedoria milenar pré-civilizatória, a relação simbiótica do homem com a natureza, em especial com o verde.

Seja na Umbanda (Onde na maioria das casas seu culto foi amalgamado ao de Oxóssi e dos Caboclos e Caboclas.), no Canbomblé (Onde a figura do Babalossaim e do Mão-de-Ofá representaria uma estudo à parte.) ou em outra forma de culto aos Orixás, o trato com as plantas e folhas é de extrema importância para a os rituais, a circulação de Axé e a saúde (física, psicológica e espiritual) de todos.

SIGNIFICADO

Atuação, estudo, escrita, eloquência. Início de atividades. Inteligência atenta e aberta. Aceitação de riscos. Persuasão.

SIGNIFICADO OPOSTO

Charlatanice. Covardia. Fraude.

RECADO DE OSSAIM

O conhecimento precisa ser multiplicado e compartilhado com todos, mas os segredos apenas com quem é capaz de mantê-los. A maturidade vem da humildade de se saber sempre aprendiz. Remédio e veneno por vezes têm a mesma origem, dependendo apenas da dosagem ou a da forma como as lições são encaradas e compreendidas.

11 – NANÃ

Associada às águas paradas e à lama dos pântanos, Nanã é a decana dos Orixás. De origem daomeana, incorporada ao panteão iorubá, foi a primeira esposa de Oxalá, tendo com ele três filhos: Iroko (ou Tempo), Obaluaê (ou Omulu) e Oxumaré.

Senhora da vida (lama primordial) e da morte (dissolução do corpo físico na terra), seu símbolo é o ibiri, feixe de ramos de folha de palmeiras, com a ponta curvada e enfeitada com búzios.

Segundo a mitologia dos Orixás, trata-se do único Orixá a não ter reconhecido a soberania de Ogum por ser o senhor dos metais: por isso, nos Cultos de Nação, o corte (sacrifício de animais) feito à Nanã nunca é feito com faca de metal. Presente na chuva e na garoa: banhar-se com as águas da chuva é banhar-se no e com o elemento de Nanã.

No tocante à reencarnação, envolve o espírito numa irradiação única, diluindo os acúmulos energéticos e adormecendo sua memória, de modo a ingressar na nova vida sem se lembrar das anteriores. Representa, ainda, a menopausa, enquanto Oxum estimula a sexualidade feminina e Iemanjá, a maternidade.

Nanã rege a maturidade, bem como atua no racional dos seres.

SIGNIFICADO

Intuição, algo escondido. Silêncio ou necessidade de silêncio. Alguém estrangeiro. Sentimento religioso e/ou espiritual. Influência da Lua e de Saturno.

SIGNIFICADO OPOSTO

Preguiça. Imaginação em excesso. Intenções hostis.

RECADO DE NANÃ

O diálogo é fundamental. Tudo é material para a criação, nada é desperdiçado: o segredo é usar o elemento adequado para cada criação.

Não se deve engolir o que afoga, mas também se deve aprender a expelir com sabedoria. A paciência é mais que uma virtude: é uma atitude de resistência, resiliência e planejamento. Teimosia não rima com obstinação.

III – IEMANJÁ

Considerada a mãe dos Orixás, divindade dos Egbé, da nação Iorubá, está ligada ao rio Yemojá. No Brasil, é a rainha das águas e dos mares. Protetora de pescadores e jangadeiros, suas festas são muito populares no país, tanto no Candomblé quanto na Umbanda, especialmente no extenso litoral brasileiro. Senhora dos mares, das marés, das ondas, das ressacas, dos maremotos, da pesca, da vida marinha em geral.

Conhecida como Deusa das Pérolas, é o Orixá que apara a cabeça dos bebês na hora do nascimento. Rege os lares, as casas, as uniões, as festas de casamento, as comemorações familiares. Responsável pela união e pelo sentido de família, seja por laços consanguíneos ou não.

SIGNIFICADO

Sabedoria. Força espiritual. Ação. Inquietude. Evolução. Progresso das forças da civilização. Influências femininas da Lua e de Vênus.

SIGNIFICADO OPOSTO

Frivolidade. Vaidade. Falta de senso prático. Prodigalidade em excesso. Perda de bens materiais. Esterilidade.

RECADO DE IEMANJÁ

Não se brinca com os sentimentos, os valores de outrem. Alegria e boa comunicação. O dinheiro é um instrumento neutro, nem bom nem mau: a forma como é utilizado é que varia entre o bem e o mal.

Amar e acolher não significa mimar e impedir que o outro caminhe com os próprios pés. Serenidade e consciência das emoções para que não se transformem em algo deletério para si e para os demais.

IV – XANGÔ

Um dos Orixás mais populares no Brasil, provavelmente por ter sido a primeira divindade iorubana a chegar às terras brasileiras, juntamente com os escravos. Além disso, especialmente em Pernambuco e Alagoas, o culto aos Orixás recebe o nome genérico de Xangô, donde se deriva também a expressão Xangô de Caboclo para designar o chamado Candomblé de Caboclo.

Orixá da Justiça, o Xangô mítico-histórico teria sido um grande rei (Alafin) de Oyó (Nigéria) após ter destronado seu irmão Dadá-Ajaká. Na teogonia iorubana, é filho de Oxalá e Iemanjá. Representa a decisão, a concretização, a vontade, a iniciativa e, sobretudo, a justiça (que não deve ser confundida com vingança). Xangô é o articulador político, presente na vida pública (lideranças, sindicatos, poder político, fóruns, delegacias etc.). Também Orixá que representa a vida, a sensualidade, a paixão, a virilidade. Seu machado bipene, o oxê, é símbolo da justiça (Todo fato tem, ao menos, dois lados, duas versões, que devem ser pesadas, avaliadas.).

Teve como esposas Obá, Oxum e Iansã.

SIGNIFICADO

Forte autoridade. Necessidade de consulta a uma autoridade superior. Vontade. Força de execução. Riqueza material. Lei. Poder público. Perseverança. Certeza. Força resoluta. Influência de Saturno, Marte e Júpiter.

SIGNIFICADO OPOSTO

Dogmatismo. Fraqueza de caráter. Imobilismo. Receio da autoridade.

RECADO DE XANGÔ

Autoridade não rima com autoritarismo. Sabedoria não vem apenas com o tempo, mas se constrói com experiências ao longo do tempo. Ação, concretude, realização.

Evitar a pressa na avaliação de algo. Não (se) impor etiquetas nem (se) pré-julgar. Chega-se à montanha passo a passo, com consciência do caminho, atenção à segurança e aos desvios. Todos somos dignos do melhor.

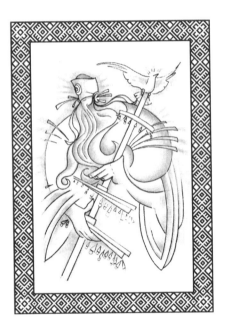

V – OXALÁ

Orixá maior, responsável pela criação do mundo e do homem. Pai de todos os demais Orixás, Oxalá (Orinxalá ou Obatalá) foi quem deu ao homem o livre-arbítrio para trilhar seu próprio caminho.

Possui duas qualidades básicas: Oxalufã (o Oxalá velho) e Oxaguiã (o Oxalá novo). Enquanto o primeiro é sincretizado com Deus Pai cristão, o segundo encontra correspondência com Jesus Cristo e, de modo especial, com Nosso Senhor do Bonfim. Também há uma correlação entre Oxalá e Jesus menino, daí a importância especial da festa do Natal para algumas casas. Oxalá representa a sabedoria, a serenidade, a pureza do branco (o funfun), o respeito.

SIGNIFICADO

Dever. Consciência. Disposição para a vida religiosa e/ou espiritual. Conselhos. Generosidade. Perdão. Autoridade moral. Doação de conhecimento.

SIGNIFICADO OPOSTO

Moralismo. Superstição. Pedantismo e incompetência como conselheiros.

RECADO DE OXALÁ

Paz e quietude no coração que se abre para a paz. A angústia pode provocar a guerra quando não se buscam suas causas. Não se deve alimentar a angústia, mas entender-lhe as razões.

A verdadeira paz não significa apenas a ausência de guerra. Bênçãos. Nenhuma forma de fanatismo ou radicalismo é saudável. Liberdade de empreender voos e aprender. Respeitar os mais velhos não significa endeusar o que está morto, mas ressignificar o que tem valor.

VI – OXÓSSI

Irmão de Exu e Ogum, filho de Oxalá e Iemanjá (ou, em outras lendas, de Apaoka, a jaqueira), rei de Ketu, Orixá da caça e da fartura. Associado ao frio, à noite e à lua, suas plantas são refrescantes.

Ligado à floresta, à árvore, aos antepassados, Oxóssi, enquanto caçador, ensina o equilíbrio ecológico, e não o aspecto predatório da relação do homem com a natureza, a concentração, a determinação e a paciência necessárias para a vida ao ar livre.

Rege a lavoura e a agricultura. Na Umbanda, de modo geral, amalgamou-se ao Orixá Ossaim no que toca aos aspectos medicinais, espirituais e ritualísticos das folhas e plantas.

Como no Brasil a figura mítica do indígena habitante da floresta é bastante forte, a representação de Oxóssi, por vezes, aproxima-se mais do índio do que do negro africano. Não à toa, Oxóssi rege a Linha dos Caboclos, e o Candomblé, em muitos Ilês, abriu-se para o culto aos Caboclos, de maneira explícita, ou mesmo camuflada, para não desagradar aos mais tradicionalistas.

No âmbito espiritual, Oxóssi caça os espíritos perdidos, buscando trazê-los para a Luz. Sábio mestre e professor, representa a sabedoria e o conhecimento espiritual, com os quais alimenta os filhos, fortificando-os na fé.

SIGNIFICADO

Necessidade de decisões e de escolhas responsáveis. Escolha de relacionamento. Desejo e simpatia benevolentes. Casamento.

SIGNIFICADO OPOSTO

Irresponsabilidade. Vícios. Hipocrisia. Indecisão.

RECADO DE OXÓSSI

Indecisões atrapalham, é necessário focar na coragem e na certeza. O corpo necessita sempre de ar livre, de movimento e repouso, de oxigênio, de liberdade para conectar-se com os elementos da natureza. Sabedoria. Alimentação saudável. Observação atenta. Coração compassivo transborda coragem.

VII – OGUM

Filho de Iemanjá, irmão de Exu e Oxóssi, deu a este último suas armas de caçador. Orixá do sangue que sustenta o corpo, da espada, da forja e do ferro, é padroeiro daqueles que manejam ferramentas, tais como barbeiros, ferreiros, maquinistas de trem, mecânicos, motoristas de caminhão, soldados e outros.

Patrono dos conhecimentos práticos e da tecnologia, simboliza a ação criadora do homem sobre a natureza, a inovação, a abertura de caminhos em geral. Foi casado com Iansã e posteriormente com Oxum, entretanto vive só, pelas estradas, lutando e abrindo caminhos.

Senhor dos caminhos (Isto é, das ligações entre lugares, enquanto Exu é o dono das encruzilhadas, do tráfego em si.) e das estradas de ferro, protege, ainda, as portas de casas e templos. Sendo senhor da faca, no Candomblé, suas oferendas rituais vêm logo após as de Exu. Vale lembrar que, tradicionalmente, o Ogã de faca, responsável pelo corte (sacrifício animal), chamado Axogum, deve ser filho de Ogum.

Responsável pela aplicação da Lei, é vigilante, marcial, atento. Na Umbanda, Ogum é o responsável maior pela vitória contra demandas (energias deletérias) enviadas contra alguém, uma casa religiosa etc.

Sincretizado com São Jorge, assume a forma mais popular de devoção por meio de orações, preces, festas e músicas diversas a ele dedicadas.

SIGNIFICADO

Triunfo merecido. Sucesso, sobretudo no que se inicia sob a influência de Júpiter. Viagens bem-sucedidas. Trabalhos executados com sucesso. Vitória sobre os obstáculos.

SIGNIFICADO OPOSTO

Colapso inesperado de planos. Doenças. Fracassos. Prejuízos. Perdas no último momento.

RECADO DE OGUM

Abertura de caminhos. De nada adianta os caminhos estarem abertos se a pessoa não caminha. Proteção. Consciência. "Atentividade". Realização e vitória. Atenção aos impulsos e como administrá-los, externá-los.

VIII – OBÁ

Orixá do rio Níger, irmã de Iansã, é a terceira e mais velha das esposas de Xangô. Alguns a cultuam como um aspecto feminino de Xangô.

É ainda prima de Euá, a quem se assemelha em muitos aspectos. Nas festas da fogueira de Xangô, leva as brasas para seu reino (símbolo do devotamento, da lealdade ao marido).

Guerreira e pouco feminina, quando repudiada pelo marido, rondava o palácio com a intenção de a ele retornar.

SIGNIFICADO

Equilíbrio. Regularidade. Honra. Harmonia. Estabilidade. Conservação. Ordem. Razão. Lei. Virtude. Integridade.

SIGNIFICADO OPOSTO

Complicação. Fanatismo. Timidez. Intolerância. Desordem. Injustiça.

RECADO DE OBÁ

Cultivar o amor-próprio e a autoestima. Atenção ao ciúme e a sentimentos deletérios. Conhecer e conquistar o próprio espaço. Atitude batalhadora e guerreira, a qual deve ser conjugada com a compaixão, sempre. Destemor. Não se afogar no ressentimento ou viver no passado. Superação.

IX – OBALUAÊ

Obaluaê, com as variações de Obaluaiê e Abaluaiê, tem culto originário no Daomé. Filho de Nanã, irmão de Iroko e Oxumaré, tem o corpo e o rosto cobertos por palha-da-costa, a fim de esconder as marcas da varíola, ou sendo outras lendas, por ter o brilho do próprio Sol, e não poder ser olhado de frente.

Foi criado por Iemanjá, pois Nanã o rejeitara por ser feio, manco e com o corpo coberto de feridas.

Orixá responsável pelas passagens, de plano para plano, de dimensão para dimensão, da carne para o espírito, do espírito para a carne. Orixá responsável pela saúde e pelas doenças, possui estreita ligação com a morte. Enquanto sua mãe se responsabiliza pela decantação dos espíritos que reencarnarão, Obaluaê estabelece o cordão energético que une espírito e feto, que a ser recebido no útero materno assim que tiver o desenvolvimento celular básico, vale dizer, o dos órgãos físicos. Em linhas gerais, Obaluaê é a forma mais velha do Orixá, enquanto Omulu é sua versão mais jovem, embora para a maioria as figuras e os arquétipos sejam idênticos.

Conhecido como médico dos pobres, com seu xaxará (feixe de piaçavas ou maço de palhas-da-costa, enfeitado com búzios e miçangas), afasta as enfermidades, trazendo a cura. Também é o guardião das almas que ainda não se libertaram do corpo físico e senhor da calunga (cemitério). Os falangeiros do Orixá são os responsáveis por desligar o chamado cordão de prata (fios de agregação astral-físico), responsável pela ligação entre o perispírito e o corpo carnal. Atuam em locais de manifestação do pré e do pós-morte, tais como hospitais, necrotérios e outros, com vistas a não permitir que espíritos vampirizadores se alimentem do duplo etérico dos desencarnados ou dos que estão próximos do desencarne. Além disso, auxiliam os profissionais da área da saúde, de terapias holísticas e afins, bem como aliviam as dores dos que padecem.

SIGNIFICADO

Silêncio. Morte social (isolamento). Meditação. Retirada da vida. Prudência. Sabedoria. Espírito de sacrifício.

SIGNIFICADO OPOSTO

Avareza (em várias áreas). Falta de sinceridade. Busca por proteção. Atos imprudentes. Imaturidade. Misantropia.

RECADO DE OBALUAÊ

Solitude não rima com solidão. Estar só não significa necessariamente estar solitário. Buscar os próprios caminhos. Paciência e constância. Regeneração. Cura. Doenças (dificuldades em vários níveis) são ótimos aprendizados, ainda que dolorosos: é importante não perder as lições. Espiritualidade. Doação. Sabedoria. Transformações.

X – ORUMILÁ/IFÁ

Tanto Orumilá quanto Exu têm permissão para estarem próximos a Olorum quando necessário, daí sua importância.

Senhor dos destinos, Orumilá rege o plano onírico, é aquele que sabe tudo o que se passa sob a regência de Olorum, no presente, no passado e no futuro. Tendo acompanhado Odudua na fundação de Ilê Ifé, é conhecido como "Eleri Ipin" ("testemunho de Deus"; aliás, sua saudação), "Ibikeji Olodumaré" ("vice de

Deus"), "Gbaiyegborun" ("O que está na terra e no céu."), "Opitan Ifé" ("o historiador de Ifé").

Por ordens de Olorum, além de ter participado da criação da Terra e do homem, Orumilá auxilia cada um a viver seu cotidiano e a vivenciar seu próprio caminho, isto é, o destino para seu Ori (Cabeça).

Seus porta-vozes são os chamados babalaôs (pais do segredo), iniciados especificamente no culto a Ifá. No caso dos búzios, entretanto, os Babalaôs são cada vez mais raros, sendo os mesmos lidos e interpretados por Babalorixás, Ialorixás e outros devidamente preparados (A preparação e as formas de leitura podem variar bastante do Candomblé para a Umbanda e de acordo com a orientação espiritual de cada casa e cada ledor/ledora.).

Cada ser humano é ligado diretamente a um Odu, que lhe indica seu Orixá individual, bem como sua identidade mais profunda.

Culto a Ifá:

> *O Culto a Ifá, cujo patrono é Orumilá (símbolo: camaleão), tem crescido no Brasil, havendo diversas casas a ele dedicadas. O sacerdote de Ifá é o Babalaô ("pai do segredo"; não confundir com o babalaô de Umbanda,*

sinônimo de dirigente espiritual ou babá).
O Alabá ("Alabá" é também o sacerdote-chefe da sociedade secreta Egungum, bem como título de honra de algumas autoridades do Candomblé.) é o chefe dos Oluôs (O oluô é um grau entre os sacerdotes de Ifá.). O iniciante é chamado de Kekereaô-Ifá, tornando-se Omo-Ifá (filho de Ifá) após o chamado pacto.

O sistema divinatório de Ifá, aliás, não se restringe apenas aos búzios, mas abarca outras técnicas, dentre elas os iquines (16 caroços de dendê) e o opelê (Corrente fina, aberta em duas, contendo cada parte 04 caroços de dendê.).

SIGNIFICADO

Mudanças. Movimento. Resultados positivos ou negativos, dependendo das circunstâncias, das cartas vizinhas (numa jogada). Fortuna.

SIGNIFICADO OPOSTO

Instabilidade. Falsidade. Ilusão. Mudanças para pior. Resultados positivos ou negativos, dependendo das circunstâncias, das cartas vizinhas (numa jogada).

RECADO DE ORUMILÁ/IFÁ

A vida é cíclica: movimento e repouso. O ser humano é ator do próprio destino, construindo-o com os materiais que a Espiritualidade e a experiência lhe proporcionam. Mudança não precisa rimar com instabilidade. Do caos, com consciência, vem a luz. Ter olhos de ver e aprender a interpretar os sinais, para compreender as situações. A sabedoria não tem preço.

XI – IANSÃ

Orixá guerreiro, senhora dos ventos, das tempestades, dos trovões e também dos espíritos desencarnados (eguns), conduzindo-os para outros planos, ao lado de Obaluaê.

Divindade do rio Níger, ou Oya, é sensual, representando o arrebatamento, a paixão. De temperamento forte, foi esposa de Ogum, e depois a mais importante esposa de Xangô, ambos tendo o fogo como elemento afim.

Irrequieta e impetuosa, é a senhora do movimento e, em algumas casas, também a dona do teto da própria casa. Uma de suas funções espirituais é trabalhar a consciência dos desencarnados que estão à margem da Lei, para, então, poder encaminhá-los a outra linha de evolução.

SIGNIFICADO

Transmutação. Uso racional da força. Reconhecimento e consciência de vantagens e desvantagens. Utilização da verdadeira força, e não de arbitrariedade ou violência.

SIGNIFICADO OPOSTO

Domínio da matéria. Inversão de valores.

RECADO DE IANSÃ

O vento varre o terreno para se plantar o novo. Impetuosidade: conhecê-la para administrá-la. Energia, movimento, ação. Compreender os instintos, e não negá-los, a fim de viver com equilíbrio. O guerreiro mais sábio é o que consegue evitar entrar em determinadas batalhas. Força, fôlego, determinação. Atenção a arroubos.

XII – LOGUN-EDÉ

Filho de Oxum e Oxóssi, esse orixá vive metade do ano na água (como mulher) e a outra metade no mato (como homem). Em seu aspecto feminino, usa saia cor-de-rosa e coroa de metal, assim como um espelho. Em seu aspecto masculino, capacete de metal, arco e flecha, capangas e espada. Veste sempre cores claras. Sua origem é ijexá (Nigéria).

Príncipe dos Orixás, ele combina a astúcia dos caçadores com a paciência dos pescadores. Seus pontos de força na natureza compreendem barrancas, beiras de rios, vapor fino sobre as lagoas que se espraia pela mata, nos dias quentes. Vivencia plenamente os dois reinos, o das águas e o das matas.

Por conta de seu traço infantil e hermafrodita, nunca se casou, preferindo a companhia de Euá, que, assim como Logun-Edé, vive solitária e nos extremos de mundos diferentes.

Solidário, preocupa-se com os que nada têm, empático com seus sofrimentos, distribuindo para eles caça e riqueza.

SIGNIFICADO

Crise interna a clamar por solução imediata. Passividade.

SIGNIFICADO OPOSTO

Tentativa de solucionar problemas. Autocorreção.

RECADO DE LOGUN-EDÉ

Flexibilidade, resiliência, capacidade de adaptação. Beleza, graça. Atenção à ingenuidade (Não confundi-la com pureza de espírito.).

XIII – BABÁ EGUN

O culto aos Egunguns trata-se do culto aos Ancestrais, os quais têm o merecimento de apresentar-se invocados em forma corporal. Apenas os espíritos devidamente preparados podem ser invocados e materializados.

Nos terreiros devotados aos Egunguns, a invocação dos ancestrais converte-se na essência do culto, e não na invocação dos Orixás, como nos terreiros de Candomblé.

O culto aos ancestrais é também o culto ao respeito hierárquico, aos "mais velhos". Os Egunguns abençoam, aconselham, mas não são tocados e permanecem isolados dos encarnados, controlados pelos sacerdotes (ojés). Apresentam-se com vestimentas coloridas, ricas e com símbolos que permitem ao observador identificar sua hierarquia.

Os Egunguns mais antigos são conhecidos como Agbás, manifestam-se envolvidos por muitas tiras coloridas (*abalás*), espelhos e por um tipo de avental (bantê). Os mais jovens são os Aparakás, sem vestimenta e forma definidas. Nesse culto, manifestam-se apenas os ancestrais masculinos, sendo também cuidados apenas por homens, embora haja mulheres com funções específicas no culto.

Por outro lado, Oyá Igbalé, também conhecida como Iansã Balé, é considerada e respeitada como rainha e mãe dos Egunguns, cultuada, portanto, em assentamento próprio e especial.

O foco do culto aos Egunguns em solo brasileiro seria a Ilha de Itaparica, a partir dos terreiros de Vera Cruz (cuja fundação data de cerca de 1820); da fazenda Mocamdo, em local conhecido como Tuntun; e da Encarnação. Todos esses terreiros são ancestrais do Ilê Agboulá, no Alto da Vela Vista. Já no continente, em

Salvador, destacou-se o terreiro do Corta-Braço, na estrada das Boiadas, hoje o bairro da Liberdade. Em contrapartida, as mulheres organizaram-se em sociedades como Geledé, Geledés ou Gueledés. Segundo Nei Lopes, Gueledés são:

> [...] máscaras outrora usadas no candomblé do Engenho Velho, por ocasião da Festa dos Gueledés, em 8 de dezembro. O nome deriva do iorubá Gèlèdé, sociedade secreta feminina que promove cerimônias e rituais semelhantes ao da sociedade Egungum, mas não ligados a ritos funerários, como os daquela. Por extensão, passou a designar as cerimônias e as máscaras antropomorfas esculpidas em madeira. No Brasil, a sociedade funcionou nos mesmos moldes iorubanos e sua última sacerdotisa foi Omoniké, de nome cristão Maria Júlia Figueiredo. Com sua morte, encerram-se as festas anuais, bem como a procissão que se realizava no bairro da Boa Viagem. [...]

A própria Irmandade de Nossa Senhora da Boa Morte, fundamental para a organização do Candomblé tal qual o conhecemos hoje reflete a força do feminino no culto aos Orixás.

Egum (do iorubá "égun", "osso", "esqueleto") significa espírito, alma do desencarnado. Ao contrário do uso popular, não representa necessariamente espírito de vibrações deletérias (Sem a acepção negativa, por exemplo, pode-se dizer que um Preto-Velho é um Egum.).

SIGNIFICADO

Transformação. Morte (não necessariamente física).

SIGNIFICADO OPOSTO

Fertilidade. Desenvolvimento. Influência de Júpiter, do Sol e da Lua.

RECADO DE BABÁ EGUN

Respeito à Ancestralidade, que protege, orienta, ampara. Todos estamos conectados com o plano espiritual. A morte (em qualquer nível) como elemento de transformação, como portal aberto para novas realidades. Transformações. Fim de ciclo e início de outro.

XIV – OXUMARÉ

Filho mais novo e preferido de Nanã, Oxumaré participou da criação do mundo, enrolando-se ao redor da Terra e reunindo a matéria, enfim, dando forma ao mundo. Desenhou vales e rios, rastejando mundo afora.

Responsável pela sustentação do mundo, controla o movimento dos astros e oceanos. Representa o movimento, a fertilidade, o *continuum* da vida: Oxumaré é a cobra que morde a própria cauda, num ciclo constante.

Oxumaré carrega as águas dos mares para o céu, para a formação das chuvas. É o arco-íris, a grande cobra colorida. Também é associado ao cordão umbilical, pois viabiliza a comunicação entre os homens, o mundo dito sobrenatural e os antepassados. Na comunicação entre céu e Terra, entre homem e espiritualidade/ancestralidade, mais uma vez se observa a ideia de ciclo contínuo representada por esse Orixá, a síntese dialética entre opostos complementares.

Nos seis meses em que assume a forma masculina, tem-se a regulagem entre chuvas e estiagem, uma vez que, enquanto o arco-íris brilha, não chove. Por outro lado, o próprio arco-íris indica as chuvas em potencial, prova de que as águas estão sendo levadas para o céu para formarem novas nuvens. Já nos seis meses em que assume a porção feminina, tem-se a cobra a rastejar com agilidade, tanto na terra quanto na água.

Por evocar a renovação constante, pode, por exemplo, diluir a paixão e o ciúme em situações onde o amor (irradiação de Oxum) perdeu terreno. Nesse mesmo sentido, pode também diluir a religiosidade fixada na mente de alguém, conduzindo-o a outro caminho religioso/espiritual que o auxiliará na senda evolutiva.

Em determinados segmentos e casas de Umbanda, Oxumaré aparece como uma qualidade do Orixá Oxum.

SIGNIFICADO

União de opostos. Disciplina. Autocontrole. Viagem bem-sucedida. Sociabilidade.

SIGNIFICADO OPOSTO

Falta de personalidade e/ou de controle. Corrupção geral. Indisciplina.

RECADO DE OXUMARÉ

Beleza, graça, donaire, equilíbrio. Transformação. Ciclos. Mudança (de pele) e adaptações. Atenção às emoções e às formas como se manifestam. Equilíbrio não rima com apatia. Prudência. Observação.

XV – EXU

Conhecido pelos Fons como Legba ou Legbara, o Exu iorubano é Orixá bastante controvertido e de difícil compreensão, o que, certamente o levou a ser identificado com o Diabo cristão. Responsável pelo transporte das oferendas aos Orixás e também pela comunicação dos mesmos é, portanto, seu intermediário. Como reza antigo provérbio, "Sem Exu não se faz nada.".

Seu arquétipo é o daquele que questiona as regras, para quem nem sempre o certo é certo, ou o errado,

errado. Assemelha-se bastante ao Trickster dos indígenas norte-americanos. Seus altares e símbolos são fálicos, pois representa a energia criadora, o vigor da sexualidade.

Responsável pela vigia e guarda das passagens, é aquele que abre e fecha caminhos, ajudando a encontrar meios para o progresso além da segurança do lar e protegendo contra os mais diversos perigos e inimigos.

De modo geral, o Orixá Exu não é diretamente cultuado na Umbanda, mas sim os Guardiões (Exus) e Guardiãs (Pombogiras).

Observação: No Tarô dos Orixás, Exu corresponde ao Diabo (lâmina XV) do Tarô de Marselha. Em qualquer Tarô, é importante que se diga, o Diabo aparece como arquétipo, arcano, e não como representação do mal. Exu não é o Diabo!

Se em pinturas mediúnicas, Exus e Pombogiras apresentam-se com imagens e fisionomias "normais", por que as estatuetas que os representam parecem, aos olhos do senso comum, associá-los ainda mais ao Diabo cristão? Por três razões básicas:

a) Os símbolos de Exu pertencem a uma cultura diversa do universo cristão. Nela, por exemplo, a sexualidade não se associa ao pecado e, portanto, símbolos fálicos são mais evidentes, ligados tanto ao prazer quanto à fertilidade, enquanto o tridente representa os caminhos, e não algo infernal. O mesmo pode-se dizer, por exemplo, do dragão presente nas imagens de São Miguel e São Jorge: enquanto no Ocidente cristão representa o mal, em várias culturas do Oriente o dragão é símbolo de fogo e força espirituais.

b) A área de atuação de Exus e Pombogiras solicita elementos tais quais os utilizados por eles (capas, bastões etc.) ou que os simbolizam (caveiras, fogo etc.), vibrações cromáticas específicas (vermelho e preto) e outros.

c) Do ponto de vista histórico e cultural, quando as comunidades que cultuavam Orixás perceberam, além da segregação, o temor daqueles que os discriminavam, assumiram conscientemente a relação entre Exu e o Diabo cristão, assim representando-o, como mecanismo de afastar de seus locais de encontro e liturgia todo aquele que pudesse prejudicar suas manifestações religiosas. Nesse sentido, muitos dos nomes e pontos cantados de Exu, do ponto de vista espiritual (energias e funções) e cultural-histórico são "infernais".

De modo bem simples, Exus e Pombogiras podem ser definidos como agentes da Luz nas trevas (do erro, da ignorância, da culpa, da maldade etc.).

Evidentemente, a maioria das pessoas tem dificuldade de entender um ponto cantado em que aparece o verso "Ai como é grande a família do Diabo." ou compreender a simbologia de uma imagem de Pombogira. Por isso, alguns segmentos e templos umbandistas têm revisto a utilização desses pontos e mesmo de algumas imagens, consideradas vulgares.

Exu não seria o diabo por várias razões. De modo geral, em África pré-colonial, não existia uma figura personificando o mal absoluto. O mesmo vale para o Candomblé. No caso da Umbanda, nos segmentos em que a influência católica é maior, pode-se notar o chamado inferno cristão e a figura do Diabo, o que não acontece quando a influência do Espiritismo é maior. Contudo, em nenhum dos casos, Exu é o diabo.

Evidentemente, há cruzamentos, confusões e nuanças semânticas. Quimbanda (Esquerda) e Quiumbanda (magia deletéria) são confundidas; em alguns terreiros de Candomblé os Exus são chamados de diabos e escravos; em algumas casas de Umbanda, quiumbas são chamados de exus e aluaiás (Aluvaiá, como visto, é um Inquice correspondente ao Exu iorubá.);

Lúcifer aparece como o anjo caído, mas também como Exu, dando-se o mesmo com Belzebu (Divindade cananeia: conforme a Bíblia de Jerusalém, "A ortodoxia monoteísta acabou fazendo dele o 'príncipe dos demônios.'"); o próprio vocábulo "demônio" nem sempre tem sua etimologia conhecida etc. Não se pretende aqui aprofundar todas as ocorrências e esgotar as possibilidades de interpretação e compreensão.

Contudo, existe algo muito simples e de profissão universal: a Umbanda, enquanto religião (religação com o Divino) JAMAIS pode se dedicar à prática do mal.

SIGNIFICADO

Estagnação. Frustração. Sensação de barreira instransponível.

SIGNIFICADO OPOSTO

Não há.

RECADO DE EXU

Confusão. Instabilidade. Instintos. Mudanças. Transformações. A sabedoria vem de aprender com as lições da instabilidade, da manifestação desordenada dos instintos, da confusão. Situações negativas. Puxadas de tapete não são agradáveis, contudo as lições, quando aprendidas, são saborosas e nos fazem rir. Não (se) levar tudo tão a sério. Conhecer e reconhecer os instintos, os desejos, as energias e, em vez de negá-los, administrá-los com sabedoria. A energia é sagrada. Buscar o equilíbrio/holismo (corpo – mente – espírito). Atenção aos falsos amigos.

XVI – TEMPO

Também conhecido como Loko, e mesmo Iroko, Tempo é um Orixá originário de Iwere, na parte leste de Oyó (Nigéria). Sua importância é fundamental na compreensão da vida. Geralmente é associado à Iansã (e vice-versa), senhora do ventos e das tempestades.

Segundo célebre provérbio, "O Tempo dá, o Tempo tira, o Tempo passa e a folha vira.". O Tempo também é visto como o próprio céu, o espaço aberto.

Na Umbanda, é associado principalmente a Iansã.

SIGNIFICADO

Catástrofes. Excessos. Desastre. Perseguição de ideias genéricas. Influências belicosas (disputas, violência e, dependendo do contexto, guerra etc.).

SIGNIFICADO OPOSTO

Doenças. Falta de rumo. Punição injusta. Perda da liberdade. Ausência de definição.

RECADO DE TEMPO

"O Tempo dá, o Tempo tira, o Tempo passa e a folha vira.". Paciência. Respeitar os ciclos. Regeneração. Novos caminhos se abrem com a crise. Quando a casa cai, surge a oportunidade de construir uma melhor, mais bonita. Confiança e fé.

XVII – OXUM

Orixá do feminino, da feminilidade, da fertilidade; ligada ao rio de mesmo nome, em especial em Oxogbô, Ijexá (Nigéria). Senhora das águas doces, dos rios, das águas quase paradas das lagoas não pantanosas, das cachoeiras e, em algumas qualidades e situações, também da beira-mar. Perfumes, joias, colares, pulseiras e espelhos alimentam sua graça e beleza.

Filha predileta de Oxalá e de Iemanjá, foi esposa de Oxóssi, de Ogum e, posteriormente, de Xangô (segunda esposa). Senhora do ouro (na África, cobre), das riquezas, do amor.

Orixá da fertilidade, da maternidade, do ventre feminino, a ela se associam as crianças. Nas lendas em torno de Oxum, a menstruação, a maternidade, a fertilidade, enfim, tudo o que se relaciona ao universo feminino, é valorizado. Entre os iorubás, tem o título de Ialodê (senhora, "lady"), comandando as mulheres, arbitrando litígios e responsabilizando-se pela ordem na feira.

Segundo a tradição afro-brasileira mais antiga, no jogo dos búzios, é ela quem formula as perguntas, respondidas por Exu. Os filhos de Oxum costumam ter boa comunicação, inclusive no que tange a presságios. Oxum, Orixá do amor, favorece a riqueza espiritual e material, além de estimular sentimentos como amor, fraternidade e união.

SIGNIFICADO

Inspiração. Criatividade. Contato e inspiração de alguém.

SIGNIFICADO OPOSTO

Má sorte (estrela), evidentemente não em sentido determinista. Doença mental. Emoções desenfreadas e/ou malconduzidas.

RECADO DE OXUM

Brilho. Magnetismo. Luz. Emotividade. Atenção para não se render a frivolidades. Conhecer e equilibrar as emoções. Alegria de viver. Inspiração. Proteger-se da inveja.

XVIII – EUÁ

Divindade do rio Yewa, também conhecida como Iya Wa, considerada a dona do mundo e dos horizontes, ligada às águas e, por vezes, associada à fertilidade.

Em algumas lendas, aparece como esposa de Obaluaê/Omulu. Já em outras, é esposa de Oxumaré, relacionada à faixa branca do arco-íris (seria a metade feminina desse Orixá).

Protetora das virgens, tem o poder da vidência, sendo senhora do céu estrelado. Por vezes é confundida com Iansã, Oxum e mesmo Iemanjá. Além do arpão, seu símbolo mais conhecido, pode também carregar um ofá (arco e flecha) dourado, uma espingarda ou uma serpente de metal. Também é simbolizada pelo raio de sol, pela neve e pelas palmeiras em formato de leque.

Orixá pouco cultuado na Umbanda.

SIGNIFICADO

Algo ruim (aviso). Excesso de imaginação. Influências negativas, deletérias. Drogas. Alcoolismo. Instabilidade. Exposição a perigos. Relação com estados de sono (sonhos, pesadelos etc.).

SIGNIFICADO OPOSTO

Decepção. Falsas opiniões. Fraude. Pequenos prejuízos.

RECADO DE EUÁ

Não represar emoções, mas saber externá-las com sabedoria. Atenção à intuição, ao sonho, bem como a energias deletérias (sentimentos, pensamentos, auto-obsessão etc.). Não se render a amarguras, ao ressentimento, nem se prender ao passado, recriando a vida a cada dia.

XIX – IBEJIS

Formado por duas entidades distintas, indicam a contradição, os opostos que se complementam. Tudo o que se inicia está associado aos Ibejis: o nascimento de um ser humano, a nascente de um rio etc.

Geralmente são associados aos gêmeos Taiwo ("O que sentiu o primeiro gosto da vida.") e Kainde ("O que demorou a sair."), às vezes a um casal de gêmeos. Seus pais também variam de lenda para lenda, contudo a mais conhecida os associam a Xangô e Oxum.

Responsáveis em zelar pelo parto e pela infância, bem como pela promoção do amor e da união.

Na Umbanda, em vez de se cultuar diretamente os Ibejis (Orixás), é mais comum cultuar-se a Linha de Yori. Doum é a terceira criança, companheiro de Cosme e Damião, com os quais os Ibejis são sincretizados. O nome Doum deriva do iorubá "Idowu", nome atribuído ao filho que nasce na sequência de gêmeos; relaciona-se também com o termo fongé "dohoun", que significa "parecido com", "semelhante ou igual a".

SIGNIFICADO

Presságio favorável. Facilidade e clareza de expressão. Boas relações. Amizade leal. Contentamento no amor. Sucesso grandioso.

SIGNIFICADO OPOSTO

Mal-entendidos. Perda de valores. Falhas. Inveja. Mau-olhado.

RECADO DOS IBEJIS

Alegria, leveza, bom humor, felicidade. Brilho. Experiências bem sucedidas, feitas com amor. Crianças são ótimos mestres. Atenção à inveja.

XX – PRETOS-VELHOS

Exemplos de humildade, tolerância, perdão e compaixão, os Pretos-Velhos e Pretas-Velhas compreendem, sobretudo, os espíritos que, na roupagem de escravos, evoluíram por meio da dor, do sofrimento e do trabalho forçado. São grandes Magos da Luz, sábios, portadores de conhecimentos de Alta Espiritualidade.

Enquanto encarnados, cuidaram de seus irmãos, sustentando-lhes a fé nos Orixás, sincretizada com o Catolicismo, seus santos e rituais, a sabedoria milenar, a medicina popular e outros. Conhecidos como pais/mães, vovôs/vovós e mesmo tios/tias, representam a sabedoria construída não apenas pelo tempo, mas pela própria experiência. Guias e protetores na Umbanda, eles são espíritos desencarnados de muita luz.

Seus nomes geralmente são de santos católicos (Como quando encarnados, conforme a ordem/orientação geral dos senhores e da própria Igreja.), acrescidos do topônimo da fazenda onde nasceram ou de onde vieram, ou da região africana de origem. Alguns exemplos: Pai Antônio, Pai Benedito, Pai Benguela, Pai Caetano, Pai Cambinda (ou Cambina), Pai Cipriano, Pai Congo, Pai Fabrício das Almas, Pai Firmino d´Angola, Pai Francisco, Pai Guiné, Pai Jacó, Pai Jerônimo, Pai João, Pai Joaquim, Pai Jobá, Pai Jobim, Pai José d´Angola, Pai Julião, Pai Roberto, Pai Serafim, Pai Serapião, Vovó Benedita, Vovó Cambinda (ou Cambina), Vovó Catarina, Vovó Manuela, Vovó Maria Conga, Vovó Maria do Rosário, Vovó Rosa da Bahia.

Na roupagem de Pretos-Velhos, são verdadeiros psicólogos, tendo ótima escuta para todo e qualquer tipo de problema, sempre com uma palavra amiga para os consulentes, além dos passes, descarregos e outros.

SIGNIFICADO

Regeneração. Sucesso frente à determinada dificuldade. Decisão legal e/ou judicial favorável. Proteção.

SIGNIFICADO OPOSTO

Falta de apoio, de ajuda. Divórcio. Indecisão. Falha num empreendimento. Rompimento de laços bem estabelecidos.

RECADO DOS PRETOS-VELHOS

Regeneração, recomeço. Toda dor deve ser transcendida, não apenas sublimada. Humildade não rima com humilhação. Abertura para o próximo, sem distinção. Proteção espiritual. Respeito aos mais velhos.

Atenção ao preconceito e a arbitrariedades, os quais não devem ter espaço no coração devotado ao bem nem numa comunidade que se pretenda equilibrada.

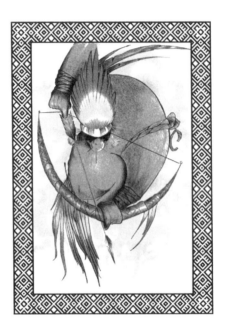

XXI – CABOCLOS

Também conhecidos como Caboclos de Pena, eles formam verdadeiras aldeias e tribos no Astral, representados simbolicamente pela cidade da Jurema, pelo Humaitá e outros. Existem falanges e especialidades diversas, como as de caçadores, feiticeiros, justiceiros, agricultores, rezadores, parteiras e outros, sempre a serviço da Luz, na linha de Oxóssi e na vibração de diversos Orixás.

A cor característica dos Caboclos é o verde leitoso, enquanto a das Caboclas é o verde transparente. Seu principal ponto de força são as matas.

Nessa roupagem e pelas múltiplas experiências que possuem (encarnações como cientistas, médicos, pesquisadores e outros), geralmente são escolhidos por Oxalá para serem os Guias-Chefes dos médiuns, representando o Orixá de cabeça do médium de Umbanda (Em alguns casos, os Pretos-Velhos é que assumem tal função.). Na maioria dos casos, portanto, os Caboclos vêm na irradiação do Orixá masculino da coroa do médium, enquanto as Caboclas, na irradiação do Orixá feminino da coroa mediúnica. Todavia, os Caboclos também podem vir na irradiação do próprio Orixá de quando estava encarnado, ou na do Povo do Oriente.

Atuam em diversas áreas e em várias tradições espirituais e/ou religiosas, como no chamado Espiritismo Kardecista ou de Mesa Branca.

Simples e determinados, infundem luz e energia em todos. Representam o conhecimento e a sabedoria que vêm da terra, da natureza, comumente desprezado pela civilização, a qual, paradoxalmente, parece redescobri-los. Também nos lembram da importância do elemento indígena em nossa cultura, a miscigenação de nosso povo e que a Umbanda sempre está de portas abertas para todo aquele, encarnado ou desencarnado, que a procurar.

Os brados dos Caboclos possuem grande força vibratória, além de representarem verdadeiras senhas de identificação entre eles, que ainda se cumprimentam e se abraçam enquanto emitem esses sons. Brados e assobios são verdadeiros mantras que ajudam na limpeza e no equilíbrio de ambientes, pessoas etc. O mesmo vale para o estalar de dedos, uma vez que as mãos possuem muitíssimos terminais nervosos: os estalos de dedos se dão sobre o chamado Monte de Vênus (porção mais gordinha da mão), descarregando energias deletérias e potencializando as energias positivas, de modo a promover o reequilíbrio.

SIGNIFICADO

Recompensa. Sucesso. Segurança. Realização.

SIGNIFICADO OPOSTO

Obstáculo a ser superado. Ligação a questões terrenas. Insegurança.

RECADO DOS CABOCLOS

Força. Coragem. Bravura. Conquistas dignas. Interação com o meio ambiente. Não se render ao desânimo, à fraqueza, à insegurança. Lealdade. Sabedoria. Conhecimento. Manipulação dos elementos naturais, visando à saúde, ao bem comum etc. Senso de comunidade. Flexibilidade. Resistência. Decisão.

MÉTODOS DE LEITURA

Inúmeros são os tipos de leitura possíveis com as cartas do Tarô. Independentemente do método escolhido, costuma-se baralhar as cartas da direita para esquerda. Pede-se para o consulente cortá-las em direção ao tarólogo (Ou, na ausência do consulente, o próprio tarólogo assim procede)[1]. Terminada a leitura, as cartas devem ser desmagnetizadas da energia do consulente e/ou da sessão. Para tanto, há tarólogos que costumam assoprar as cartas, para depois colocá-las em ordem (Alguns as guardam aleatoriamente.).

---

1. Nesse momento, alguns tarólogos preferem virar os montes, ou um dos montes, e analisar as duas cartas primeiras cartas como um percurso para a leitura e/ou pergunta feita.

Numa leitura de Tarô, ainda que o leitor possua intuição aguçada e/ou vidência, não se devem fazer diagnósticos ou marcar no calendário a morte de alguém (Talvez um dos motivos de maior resistência de muitas pessoas em solicitar uma sessão de leitura.). Deve-se agir com respeito aos sentimentos e às emoções do consulente, de modo a não desequilibrá-lo.

O tarólogo pode fazer sugestões, como a de procurar um médico, de ficar atento a determinado problema de saúde, de rever pontos de um relacionamento amoroso etc.

No caso de leituras feitas à distância, solicitadas por terceiros, as mesmas não devem ser transformadas em exercício de fofoca ou de curiosidade banal. Por outro lado, se a situação se justificar (Exemplo: uma mãe deseja fazer a Roda Astrológica de um filho com problemas, ou ainda algumas perguntas específicas por meio de um dos outros métodos apresentados.), deve-se antes pedir autorização à pessoa de quem se falará (ao seu inconsciente, ao espírito protetor, ou anjo da guarda, ou guia etc.).

A leitura presencial das cartas do Tarô pode ser iniciada com uma respiração lenta e profunda ou com uma prece ecumênica, comum tanto ao tarólogo quanto ao consulente. Todos devem sentir-se acolhidos pelo

MÉTODOS DE LEITURA

tarólogo, não importando a maneira como manifestem sua fé, suas crenças etc.

Em cada leitura deve-se, ainda, observar se há grande ocorrência das chamadas cartas negativas (vide tabela) e avaliar o seu significado no conjunto. A resposta a uma questão formulada pelo Método da Cruz Céltica, por exemplo, pode ser favorável, contudo, o que representam as cartas negativas naquele jogo? O mesmo vale para a Roda Astrológica, o Método das Três cartas etc. Observe-se, ainda, se em diversas jogadas, ou como carta presente na Roda Astrológica e carta por trás, há incidência da(s) mesma(s) carta(s).

Para qualquer dúvida, pode-se pedir confirmação ou aprofundamento. Exemplos: algum tópico de uma leitura segundo a Roda Astrológica pode ser aprofundado pela Cruz Céltica; se há dúvida sobre um jogo de Cruz Céltica, refaça-se a mesma pergunta, ou acrescentem-se novos dados, e jogue-se novamente.

O Tarô deve ser usado, não de maneira a causar dependência, mas sempre para esclarecer, iluminar, auxiliar.

TRÊS CARTAS

Este método responde a perguntas objetivas, bem delimitadas no tempo e no espaço, nos seguintes termos:

sim/favorável; não/desfavorável; talvez/dúvida. No último caso, torna-se necessário tirar uma nova carta para confirmação. Há quem tire a próxima carta da sequência ou baralhe tudo novamente, peça para o consulente cortar etc. e, só então, retira a primeira carta.

Perguntas muito abrangentes, portanto, devem ser evitadas e refeitas com o auxílio do tarólogo. Em vez de "Minha empresa terá sucesso?", prefira-se "Hoje minha empresa terá sucesso?", ou ainda, "Hoje o volume de vendas de minha empresa será realmente lucrativo?".

Sorteiam-se três cartas, as quais devem ser analisadas em conjunto. Costumo associar ao Método das Três Cartas interpretações de outro sistema de leitura semelhante, mas que não trabalha com a somatória: a 1ª carta representa o passado; a 2ª o presente e a 3ª, o futuro. A somatória das três definirá a resposta (Vide tabela).

Método das Três Cartas

MÉTODOS DE LEITURA

CRUZ CELTA

Também utilizado para perguntas objetivas, mas mais detalhadas do que as perguntas feitas ao Método das Três Cartas, a Cruz Céltica (ou Celta) apresenta o seguinte esquema:

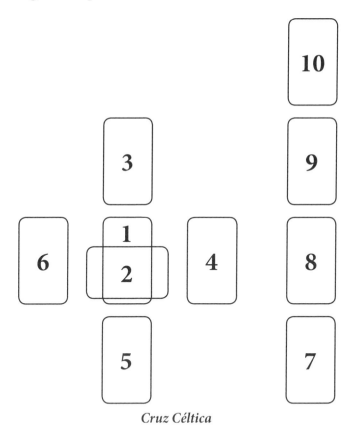

Cruz Céltica

Casa 1 (A questão/A situação presente) – Representa a questão, ou as energias do consulente no momento, ou, ainda, a energia da pessoa a respeito da qual o consulente formula a questão.

Casa 2 (O obstáculo/Os obstáculos) – Indica pessoas e forças entre o consulente, ou a pessoa sobre quem é feita a questão. Aponta a origem de determinado problema e/ou dificuldades referentes ao mesmo.

Casa 3 (O consulente diante da questão) – Indica as reações do consulente, ou da pessoa sobre quem é feita a questão, diante da questão e/ou do problema.

Casa 4 (O passado) – Apresenta dados do passado (positivos ou negativos) relacionados à situação atual.

Casa 5 (Fatores ocultos) – Aponta segredos ou informações desconhecidas e/ou desconsideradas pelo consulente, ou pela pessoa sobre quem é feita a questão, as quais devem ser assimiladas para a compreensão holística da questão e/ou do problema. Evoca também o inconsciente, os desejos mais íntimos e, por vezes, tão secretos que escapam ao próprio consulente.

Casa 6 (O futuro) – Indica o futuro próximo relacionado à situação presente.

Casa 7 (O consulente) – Indica o caráter, os traços psicológicos, o comportamento do consulente, ou da pessoa sobre quem é feita a questão. Importante para

MÉTODOS DE LEITURA

o autoconhecimento, esse perfil não se refere apenas à questão ou ao problema. Contudo, pode apontar traços marcantes, característicos em relação ao que se discute especificamente na leitura das cartas.

Casa 8 (Fatores externos/O entorno) – Espécie de complemento da casa 1, trata das pessoas, das condições, do ambiente que cerca o consulente.

Casa 9 (Caminho do destino) – Sugestão de caminho(s) para o sucesso, para a resolução da questão/do problema.

Casa 10 (Desfecho/Resposta) – Encaminhamento da questão/do problema, consequências e/ou resultados. Resposta (Vide tabela.).

RODA ASTROLÓGICA

Método pautado pelas 12 casas astrológicas e que aborda a totalidade do consulente, diversas áreas de sua vida.

Cada Arcano Maior apresenta aspectos de luz e sombra. Caberá ao tarólogo, durante a leitura, abordá-los com o consulente, a fim de identificarem juntos quais aspectos têm preponderado.

Quanto ao uso das chaves de interpretação, além dos cuidados apontados, destacam-se (Obviamente há variações do método de leitura, inclusive por influência direta de elementos da Astrologia.):

a) A casa 1 pode apontar a personalidade "dominante" do consulente ou como ele se encontra no momento presente.

b) A referência à gravidez nem sempre corresponde à gestação de um filho. Pode tratar-se de um projeto, por exemplo. O mesmo vale para a morte.

c) A casa 5 trata dos filhos. Se o consulente tiver vários filhos, por exemplo, as referências ao primeiro estarão na casa 5, as do segundo na casa 6 etc.

d) Nas relações interpessoais observem-se tanto a figura como a função. Por exemplo, determinada carta na casa 3 pode apontar que o consulente tem problemas com irmãos, porém ele pode ser filho único. Deve-se, então, pensar num primo, amigo etc. que para ele tenha a *função* de irmão. O mesmo vale para os pais e para cartas masculinas e femininas. O tarólogo será orientado pela intuição e pelo bom senso.

e) A sensibilidade do tarólogo deve estar ligada muito mais à ética do coração (Faz bem a mim e ao próximo? Faz mal a mim e ao próximo?) do que às convenções sociais ou à moral. Exemplo: Para um casal que tenha optado pelo chamado relacionamento aberto, os conceitos de fidelidade e traição são muito mais elásticos do que para aquele que viva uma relação tradicional.

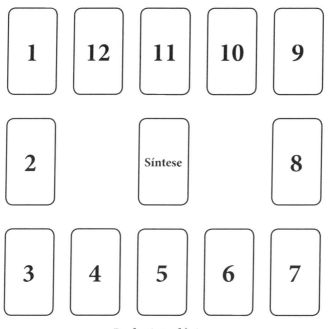

Roda Astrológica

Casa 1 (Áries) – Refere-se ao caráter do consulente, ao seu temperamento, a sua personalidade e a sua aparência física. Trata, ainda, de seus gostos, de suas inclinações e de sua expectativa de vida.

Casa 2 (Touro) – Trata de fontes de renda, do dinheiro, dos bens e das finanças, bem como de bens adquiridos, do comércio e da morte do cônjuge/parceiro(a) estável (se houver).

Casa 3 (Gêmeos) – Refere-se a parentes (irmãos, primos etc.), a viagens curtas, a livros e cartas, a mudanças de residência, à vizinhança e aos meios de comunicação.

Casa 4 (Câncer) – Refere-se ao próprio lar, aos pais e ao patrimônio da família (sobretudo aos imóveis).

Casa 5 (Leão) – Trata da afeição instintiva, de namoros, da vida social, do lazer, dos pequenos amores, de negócios arriscados, de relações internacionais, escolas e especulações.

Casa 6 (Virgem) – Aborda o trabalho, as obrigações, a saúde, o bem-estar físico, assim como os animais domésticos.

Casa 7 (Libra) – Refere-se aos relacionamentos íntimos, ao cônjuge/parceiro(a) estável (se houver) e às associações comerciais, assim como aos ditos inimigos declarados e aos processos.

Casa 8 (Escorpião) – Aborda a sexualidade, a morte, as mudanças, os grandes negócios, as heranças, os testamentos e os legados.

Casa 9 (Sagitário) – Abarca viagens longas, o estrangeiro, línguas, justiça, processos, estudo superior, evolução espiritual, filosofia, espiritualidade e/ou religião (pelo que se conhece como "casa divina").

Casa 10 (Capricórnio) – Refere-se ao destino, às honrarias, às aspirações e ao prestígio social, bem como à mãe ou à sogra do consulente.

Casa 11 (Aquário) – Trata da vida social, dos amigos, da política, da diplomacia, dos benfeitores, de projetos, de esperança e de paz.

Casa 12 (Peixes) – Aborda isolamentos, obstáculos, doenças graves, prisão, provações, amores secretos. Refere-se, ainda, ao inconsciente, aos ditos inimigos ocultos, às aflições, a processos criminais, à miséria. Conhecida como "inferno do zodíaco".

Síntese – A carta-síntese apresenta características, recados, lições para o consulente. Trata-se do fechamento da conclusão da leitura. Além disso, a carta-síntese, somada a cada uma das cartas dispostas em cada casa indica, ainda, qual a chamada carta por trás, isto é, a que complementa, aprofunda a leitura, pois orienta a carta que ocupa determinada casa.

0 – ZÉ PELINTRA

Casa 1 (Áries) – Inseguro, imprudente, age sem reflexão, excêntrico, inconstante, despreocupado ao extremo, infantil, imaturo, medroso, nem sempre sutil. Em virtude de forças interiores, pode tomar decisões de maneira imprudente. Privilegia a liberdade, vive sempre o presente. Idealista, vive de sonhos e não se aprofunda em nada. Cidadão do mundo, é despojado.

Casa 2 (Touro) – Área financeira instável, o que pode abalar o emocional. Atenção aos gastos, principalmente aos descontrolados. O momento pede cautela, espera.

Casa 3 (Gêmeos) – Inquietação, amizades não sinceras. Despreocupação.

Casa 4 (Câncer) – Fuga às responsabilidades, sobretudo às familiares. Problemas com a família, os quais desgastam. Cobrança de maturidade. Partida. Viagem.

Casa 5 (Leão) – Desejo de liberdade, riscos de ligação pautada pela ilusão. Sem afeto, tanto para oferecer quanto para receber.

Casa 6 (Virgem) – Insatisfação, fuga à realidade. Desejo de abandonar o emprego. Momento de restrição, altos e baixos. Sem apoio com que contar. Atenção à depressão, ao estresse, ao abuso de remédios e à automedicação.

Casa 7 (Libra) – Sentimentos que causam mal-estar, as relações apresentam-se decepcionantes. Dificuldade em manter-se apaixonado. O parceiro sente necessidade de livrar-se de pressões afetivas, de cobranças. Desejo de fuga.

Casa 8 (Escorpião) – Momento de perturbação, de hesitação e nervosismo.

Casa 9 (Sagitário) – Mediunidade (até mesmo a dita "de incorporação"), abertura espiritual. Por vezes não consegue esclarecer os próprios assuntos (desequilíbrio). Ascensão espiritual. Viagens para o exterior favorecidas desde que ampliem conhecimentos.

Casa 10 (Capricórnio) – Momento de incerteza, no qual os esforços não são compensados. Atenção ao abandono, às traições.

Casa 11 (Aquário) – Atenção aos projetos: momento desfavorável para realização. Sem amigos. Não se pode confiar muito.

Casa 12 (Peixes) – Medo, insegurança, aborrecimentos, saúde muito instável, provações diversas. Tarefas cármicas a serem vivenciadas. Não adianta fugir ou viver de ilusão.

Síntese – A carta representa grande necessidade de liberdade e de independência.

I – OSSAIM

Casa 1 (Áries) – Esperto, de inteligência rápida (representada pela lemniscata ou pelo chapéu), com iniciativa, hábil em transformar ideias em ações. Carismático e diplomático, representa a força de atração. Não se apega a nada. Alguém de muita lábia. Fanfarrão. Necessita amadurecer, a fim de lapidar o conhecimento. Curioso. Possui muita energia e a canaliza para o sucesso. Alguém que está mais para garotão do que para homem. Intuitivo. Deve levar tudo mais a sério, a fim de atingir seus objetivos. Regido pelo Sol.

Casa 2 (Touro) – Autoconfiança que acelera o bem-estar, satisfação, sem problemas financeiros. Progressos nos lucros. Grande capacidade de administrar os próprios bens.

Casa 3 (Gêmeos) – Pequena viagem. Recomeço afetivo. Manipulação de outros para benefício próprio.

Casa 4 (Câncer) – Equilíbrio no que tange à ordem familiar. Possibilidade de mudança de residência. Pessoa que saiu cedo de casa.

Casa 5 (Leão) – Novidades afetivas, novos encontros. Pessoa que compara antes de agir e mantém o controle da situação.

Casa 6 (Virgem) – Aspecto profissional positivo, promoções, início de algo novo. Favorecimento de atividades independentes. Convites para novos trabalhos. Atenção às enxaquecas (dores de cabeça sem gravidade). Há problemas espirituais? Devem-se manter as vibrações positivas (por exemplo, rezar).

Casa 7 (Libra) – Novos encontros no plano afetivo. Harmonia de sentimentos. Pessoa um tanto hesitante, indecisa. Pessoa com muita lábia, que não é confiável. Proposta de união.

Casa 8 (Escorpião) – Sexualidade ativada. Modificações financeiras.

Casa 9 (Sagitário) – Perfeito equilíbrio espiritual. Grande potencial de espiritualidade. Encontro com alguém em viagem.

Casa 10 (Capricórnio) – Sucesso absoluto, boa iniciativa. Trabalho recompensado.

Casa 11 (Aquário) – Apoio, amigos. Tudo positivo.

Casa 12 (Peixes) – Atenção ao uso incorreto do poder espiritual. Alguém pode estar manipulando a área espiritual da pessoa.

Síntese – A carta representa jogo de cintura, alta realização e concretização de projetos. O sucesso depende da força de vontade.

II – NANÃ

Casa 1 (Áries) – Reservada, intuitiva, sábia, mãe, a que sabe esperar, sensível, paciente e amiga. Por vezes, mãezona. Cautelosa, desconfiada. Vive o momento presente. Alguém que esconde as emoções e resolve os problemas alheios. Modelo de mulher equilibrada. Se o consulente for homem, pode ser dominado pela mãe ou pela esposa (figura ou função). Chave dos grandes negócios, representa novas oportunidades.

Casa 2 (Touro) – Finanças equilibradas, contudo com um pouco de demora (de 7 a 9 meses). Crescimento financeiro. A pessoa valoriza o que os pais lhe ensinaram.

Casa 3 (Gêmeos) – Pessoa desconfiada, mas que resolve problemas. Equilíbrio. Reserva feminina em destaque.

Casa 4 (Câncer) – Bens materiais em situação favorável. A pessoa é toda bondade, amor, por vezes "mãezona". Possibilidade de mudança de residência, de compra ou de venda de imóvel.

Casa 5 (Leão) – Apego aos filhos, postura de frieza amistosa. Afeto muitas vezes em algo invisível. Gravidez. A pessoa pode, ainda, ter uma relação paralela. Busca a realização por meio dos filhos.

Casa 6 (Virgem) – Momento de espera, de demora, de mudanças positivas, de reflexão e de sabedoria.

Gestação de boas ideias (negócios). Atenção ao útero, aos ovários e ao intestino.

Casa 7 (Libra) – Ligação secreta, vida afetiva com caráter enrustido. A falta de diálogo e de abertura atrasa a evolução amorosa. Busca de carinho. Possibilidade de nova união. Aumento de clientela.

Casa 8 (Escorpião) – Sexo sem entusiasmo, morno. Comportamento puritano, de "mãe espiritual". Modificações no salário ou na vida sentimental. Atenção à evolução de uma doença secreta.

Casa 9 (Sagitário) – Meditação, intuição, riqueza espiritual. Possibilidade de nova união. Viagem e amizade. Notícias de aproximação de uma amizade feminina de um lugar distante.

Casa 10 (Capricórnio) – Situação estável. Força sobre acontecimentos. Possibilidade de nova afeição. Possível gravidez.

Casa 11 (Aquário) – Relações de amizades pacíficas. Ajuda para projetos.

Casa 12 (Peixes) – Projeção da figura materna. Amor oculto. Gravidez não prevista ou notícias de gravidez.

Síntese – A carta pede paciência e espírito de espera para a resolução de problemas. Novas ideias serão postas em prática com inteligência. Quanto aos projetos, a carta sugere discrição, silêncio. Associada à carta *A Lua*, solicita espera paciente.

III – IEMANJÁ

Casa 1 (Áries) – Alguém com lucidez, discernimento e que permite ação e criação (regência de Vênus). Inteligente, vaidosa, elegante, representa a fertilidade e a maternidade. Possui sabedoria, encanto pessoal. Representa, ainda, liberação de energia. Gosta de vida social e não se importa em ser a outra (o outro). Aprecia festas, badalação e jovens. Não se sente atraída pelos serviços e questões domésticas (dono ou dona de casa). Respira poder e guia-se pelo mês de março (3). Indica resolução de algo entre 3 e 9 (dias, semanas ou meses).

Casa 2 (Touro) – Aspecto financeiro lucrativo e promissor, com proteção. Contudo, atenção aos gastos.

Casa 3 (Gêmeos) – Desejo de agradar e de presentear pessoas queridas. Recebimento de cartas. Viagem. A pessoa anda um tanto distante e impaciente com familiares.

Casa 4 (Câncer) – Pessoa iluminada, sem hesitação. Possibilidade de aquisição de imóvel. Boa relação com os pais. Preocupações passageiras. Aceitação (imposição?) de suas ideias.

Casa 5 (Leão) – Felicidade, alegria, encontros felizes, evolução sentimental. Sinceridade no amor. Irradiação. Aproximações. Festas, convites. Amores correspondidos. Momento de gravidez (física, de novo relacionamento etc.).

Casa 6 (Virgem) – Sucesso, progresso profissional, êxito em empreendimentos. Momento altamente positivo. Negócios concluídos com rapidez. Atenção à estafa, à fadiga nervosa, aos nervos de modo geral.

Casa 7 (Libra) – A pessoa pode ser amante. Propostas, associações. A pessoa é, ainda, racional e costuma dar a última palavra.

Casa 8 (Escorpião) – Sexo em alta (pessoa ativa). Mudança, novidades, escolha sentimental. Possibilidade de gravidez.

Casa 9 (Sagitário) – A intuição eleva a consciência. Abertura cósmica. Novo interesse intelectual. Necessidade de buscar a fé e a espiritualidade.

Casa 10 (Capricórnio) – Êxito, sucesso, melhora de situação. Encontro com pessoa jovem.

Casa 11 (Aquário) – Equilíbrio, esperança, ótimos amigos.

Casa 12 (Peixes) – Com elegância, dissipa dúvidas. Atenção ao esgotamento nervoso.

Síntese – A carta apresenta soluções positivas para problemas de todas as espécies. Representa, ainda, o êxito pleno, o centramento, o equilíbrio de si mesmo.

IV - XANGÔ

Casa 1 (Áries) – Representa autoridade, estabilidade, competência, energia. Patriarca enérgico, diplomático, materialista, dominador, possui inteligência suficiente para concretizar suas ideias. Desenvolvido senso de autoconfiança. Direciona energias para a vitória, o sucesso. Representa, ainda, equilíbrio e justiça diante dos problemas. Imponente (vide postura física), não aprecia pessoas sem iniciativa. Por outro lado, sente atração pela verdade. Se o consulente for mulher, representa alguém separada, endurecida, que faz as vezes do homem.

Casa 2 (Touro) – Transações positivas, estabilidade nos negócios, situação financeira sólida, segura. Movimentação financeira. Se for mulher, deve (ou costuma) pedir orientações para o marido.

Casa 3 (Gêmeos) – Equilíbrio, pessoa que gosta de ajudar. Irmão(ã) dominador(a).

Casa 4 (Câncer) – Enérgico, conselheiro, pai equilibrado (função ou figura), pessoa forte que se faz respeitar e a suas ideias. Relaciona-se bem com a família. Possui opinião própria.

Casa 5 (Leão) – Bom pai (função ou figura), pessoa afetuosa e equilibrada. Vida sentimental de afeto. Encontro. Conhecimento, contato com o amor.

Casa 6 (Virgem) – Disputa no campo profissional. Fechamento de contrato, situações de acordo, fusão de sociedade. Pendor político e/ou diplomático. Atenção às articulações e ao estômago.

Casa 7 (Libra) – Homem com poder, autoritário, machista, bom protetor, que gosta de ajudar, dominante, estável. Bom período no casamento.

Casa 8 (Escorpião) – Amante mais velho, responsável pelo sustento do(a) parceiro(a). Possibilidade de empréstimo, grandes despesas.

Casa 9 (Sagitário) – Possibilidade de novo casamento. Materialista. Dificuldade para lidar com o espiritual.

Casa 10 (Capricórnio) – Lucro, sucesso, tudo positivo. Apoio dado por homem poderoso.

Casa 11 (Aquário) – Proteção de amigos a quem recorre.

Casa 12 (Peixes) – Atenção aos inimigos. Pessoa muito materialista que está em choque consigo mesma. Rivalidade com inimigo poderoso.

Síntese – A carta anuncia a concretização, a realização.

> Conforme anotado na casa 1, na casa 7 as características podem também, evidentemente, ser aplicadas a uma mulher, sobretudo às endurecidas e/ou que fazem as vezes dos homens. Tal leitura não representa necessariamente tendências e/ou orientações homossexuais.

V – OXALÁ

Casa 1 (Áries) – Bom, generoso, com grande proteção psíquica e espiritual. Conselheiro, inventivo, sábio. Possui vocação religiosa e/ou o chamado sacerdócio social (tanto para o bem quanto para o mal). Aprecia temas esotéricos, espirituais. Rigoroso com horários. Líder, prudente, metódico. No amor, tende à fantasia. Trata-se de um eterno apaixonado em busca do ideal.

Casa 2 (Touro) – Equilíbrio nas finanças e nos lucros. Atenção à boa fé.

Casa 3 (Gêmeos) – Por meio da intuição, a pessoa encontra soluções em situações aparentemente insolúveis. Proteção em viagens curtas.

Casa 4 (Câncer) – Bom pai (função ou figura), conservador, conselheiro. Ajuda moral. Possibilidade de nova união, de novo casamento.

Casa 5 (Leão) – Sincero, cumpre o que promete. Paz, calma. Possibilidade de oficialização de uma relação.

Casa 6 (Virgem) – Recuperação total de saúde. Profissional liberal e altamente favorecido. Contratos firmados. Chefe muito exigente, chato. Atenção à coluna vertebral e à cabeça, sobretudo aos casos de enxaqueca.

Casa 7 (Libra) – Pessoa equilibrada, generosa, espiritualista. Segredos desvendados. Vocação religiosa. Esclarecimento de divergências. Triunfo importante. Possibilidade de novo casamento.

Casa 8 (Escorpião) – Sem mudanças, estável em tudo. Ajuda na vida material. Rigidez.

Casa 9 (Sagitário) – Alta espiritualidade, clarividência. Proteção oculta. Presença ativa de mentor espiritual. Viagens e estudos favoráveis.

Casa 10 (Capricórnio) – Respeitabilidade, proteção, libertação de doenças.

Casa 11 (Aquário) – Amigos sinceros, ambiente harmonioso.

Casa 12 (Peixes) – Alívio de uma provação, sem problemas de saúde e questões cármicas difíceis, negativas etc.

Síntese – A carta inspira grande proteção, conciliação, harmonia, mas também lerdeza.

> Por "vocação religiosa" (casas 1 e 7) não se consideram apenas as chamadas religiões tradicionais, com ou sem a obrigação do celibato. Pode-se pensar nas mais diversas formas de serviço espiritualista, esotérico, holístico etc., algumas das quais, inclusive, se utilizam dos termos "sacerdote" e "sacerdotisa".

VI – OXÓSSI

Casa 1 (Áries) – Alguém hesitante, indeciso, insatisfeito, fraco. Evoca a necessidade de se exercer o livre-arbítrio, de escolher. Passividade. Dualidade de caminhos. Posição de espera.

Casa 2 (Touro) – Dificuldade em se manter o equilíbrio material. Oscilação.

Casa 3 (Gêmeos) – Problemas com irmãos. Insatisfação.

Casa 4 (Câncer) – Problemas com os pais. Novos interesses, nova união.

Casa 5 (Leão) – Indecisão nos afetos, incerteza no amor. Dupla proposta. Decisão, escolha.

Casa 6 (Virgem) – Indecisão, incerteza no trabalho, desequilíbrio emocional. Atenção ao nervosismo, à fadiga, ao desgaste físico, sobretudo no que tange aos pés, ao estômago e à garganta.

Casa 7 (Libra) – Crise sentimental, que pode ser complicada por uma dupla proposta. Amores contrariados. Indecisão. Infidelidade. Período de conflito. Necessidade de escolha.

Casa 8 (Escorpião) – Sexualidade não definida e/ou bissexualidade. Caminho não escolhido. Dupla influência. Pouco favorável ao amor. Perda de uma afeição.

Casa 9 (Sagitário) – Caminho espiritual não escolhido. Necessidade de afastar-se do plano material para caminhar rumo à fé e ao ideal interior. Inquietação nos estudos pelo fato de não se definir.

Casa 10 (Capricórnio) – Sem definição. Dificuldade de manter o equilíbrio. Algo importante na vida sentimental.

Casa 11 (Aquário) – Inconstância com os amigos. Uma amizade poderá transformar-se em amor. Nova amizade.

Casa 12 (Peixes) – Medos, tendência a perder uma afeição.

Síntese – A carta evoca a dúvida, um período de indefinição ou de incerteza. A pessoa poderá tender a ser assim sempre.

A tendência à incerteza, à indefinição não significa (aliás, como qualquer tendência) fatalismo, uma vez que o livre-arbítrio e a busca pelo autoconhecimento certamente auxiliarão o indivíduo a tomar decisões ao longo da vida.

VII – OGUM

Casa 1 (Áries) – Alguém talentoso, confiante, corajoso, líder, trabalhador, que luta por aquilo em que acredita. Forte, perseverante, de caráter nobre, impoluto. No amor, não aprecia pessoas preguiçosas. Fiel quando encontra o par dito "ideal".

Casa 2 (Touro) – Ótima situação financeira. Ganhos sem preocupação. Sucesso confirmado. Triunfo financeiro. Vendas de produtos importados favoráveis.

Casa 3 (Gêmeos) – Tudo positivo. Popularidade, triunfo, viagens.

Casa 4 (Câncer) – Ótimo relacionamento. Notícias imprevistas. Mudança de residência. Momento excelente para quem deseja instalar-se em país estrangeiro.

Casa 5 (Leão) – Possibilidade de encontro durante viagem ou mudança de lugar. Início de novo relacionamento.

Casa 6 (Virgem) – Sucesso e progresso rápidos no trabalho. Pessoa negativa, que pode atropelar os outros (literalmente "passar por cima"). Bom momento físico, saúde excelente, contudo, atenção ao desgaste físico, sobretudo das pernas.
Casa 7 (Libra) – Início de um relacionamento. Relações afetivas felizes. Uniões. Felicidade total.
Casa 8 (Escorpião) – Sexualidade ótima. Viagens por terra e mudanças são favorecidas. Bons lucros. Viagens de negócios.
Casa 9 (Sagitário) – Liberdade de ação. Harmonia nos caminhos. Viagens ao exterior favorecidas. O fogo interior alquimiza as energias negativas.
Casa 10 (Capricórnio) – Sucesso, vitória. Atenção às palavras.
Casa 11 (Aquário) – Grande apoio de amigos. Atenção às calúnias.
Casa 12 (Peixes) – Provações aliviadas. Sem medos. Trabalhar as paixões, a fim de avançar na espiritualidade.
Síntese – A carta evoca vitória e sucesso.

VIII – OBÁ

Casa 1 (Áries) – Alguém severo (inclusive consigo mesmo), imparcial, rigoroso, lógico, honesto, responsável, econômico, com senso prático e julgamento apurado. Não aprecia improviso. Dotado de boas intenções. Excelente cônjuge. Situação de equilíbrio. Possibilidade de separação de casal.

Casa 2 (Touro) – Grande prudência permite estabilizar as finanças. Atenção aos prós e aos contras. Desembolso ou perda de dinheiro.

Casa 3 (Gêmeos) – Tudo em ordem. Talvez haja pequenos problemas com parentes. Viagens pouco favorecidas. A pessoa é detalhista.

Casa 4 (Câncer) – Pessoa implacável, porém justa. Possibilidade de herança.

Casa 5 (Leão) – Aridez. Pessoa que considera sua palavra lei. Possibilidade de rompimento de vínculos afetivos, de divórcio ou de separação. Dificilmente demonstra afeto.

Casa 6 (Virgem) – Evolução profissional (Áreas bastante favorecidas: Direito, Contabilidade e Política.). Equilíbrio nos momentos de desordem. Pessoa que pesa os prós e os contras. Atenção às dificuldades respiratórias, à obesidade, ao diabetes, à pressão e ao coração.

Casa 7 (Libra) – Tendência à fantasia. Retidão e honestidade nas relações sentimentais favorecem o equilíbrio no plano afetivo. Por vezes, falta flexibilidade nos hábitos ou acirramento da frieza. Legalização de uniões. Separação de casal.

Casa 8 (Escorpião) – Recebimento de herança ou término de associação. Necessidade de cautela.

Casa 9 (Sagitário) – Sucesso em procedimentos legais (partilha, herança etc.). Guiar-se pela razão a fim de encontrar harmonia cósmica, decisão e força. Fim de um processo ou de divergências.

Casa 10 (Capricórnio) – Tudo relacionado à Justiça está representado nesta casa: casamento, divórcio, contratos, processos, heranças etc.

Casa 11 (Aquário) – Bom julgamento com amigos. Observar com atenção as amizades.

Casa 12 (Peixes) – Domínio sobre o passado (carmas etc.), risco de processos, preocupações com a Justiça. A pessoa deve pôr fim a negócios confusos. Resoluções pendentes.

Síntese – A carta traz estabilidade. Deve-se encontrar uma boa saída para determinada situação.

IX – OBALUAÊ

Casa 1 (Áries) – Conhecido como "o sábio sem templo", alguém que tem a arte de buscar o conhecimento sozinho. Cauteloso, não aprecia a desonestidade. Corretíssimo. Bastante só, paciente, abnegado, introspectivo. Reflexivo, pensa e repensa, estuda. Carta que anuncia sabedoria.

Casa 2 (Touro) – Restrições nos lucros. Necessidade de austeridade, pois os ganhos são difíceis. Contrariedades, lentidão. Dinheiro a conta-gotas, finanças vagarosas.

Casa 3 (Gêmeos) – Estrutura, trabalho em profundidade. Pode retardar viagens.

Casa 4 (Câncer) – Nada do que é superficial, artificial ou fútil chama a atenção da pessoa, embora por vezes o procure.

Casa 5 (Leão) – Sentimentos interiorizados, solidão do coração, isolamento, repressão dos impulsos afetivos. Tendência à esterilidade. Afeto por alguém de mais idade. Proteção geral de um mentor espiritual.

Casa 6 (Virgem) – Ritmo de trabalho reduzido favorece estudos e pesquisas. Luz no fim do túnel para resolução de problemas. Esclarecimentos. Atenção ao reumatismo.

Casa 7 (Libra) – Mesmo com afeições sérias e profundas, estas não se manifestam. Timidez. Celibato voluntário ou imposto por regras canônicas de alguma religião e/ou tradição espiritual. Moralista. Pessoa só.

Casa 8 (Escorpião) – Sexualidade lenta. Possibilidade de luto. A pessoa vive do passado. Estudos ocultos favorecidos. Possibilidade de ganhos imobiliários.

Casa 9 (Sagitário) – Orientador e/ou líder espiritual, sábio, pessoa com grande força interior. Grande espiritualidade. Viagens ao exterior retardadas.

Casa 10 (Capricórnio) – Sem grandes ambições. Profissões mais favoráveis: ensino e pesquisa. Não conta com a ajuda alheia. Bastante ouvido pelos outros.

Casa 11 (Aquário) – Caminho solitário de autoconhecimento. Solidão com amigos. Não pensa em poder.

Casa 12 (Peixes) – Alta espiritualidade, grande força interior, total desapego à matéria. Paciência.

Síntese – A carta evoca iluminação interior e discrição, as quais confirmam grande força espiritual. Desapego material. Observem-se os ciclos de 9 em 9 anos.

X- ORUMILÁ/IFÁ

Casa 1 (Áries) – Alguém inquieto, instável. Questões instáveis caminham para mudança feliz. Transformação. Mudança por força do chamado "destino", pela lei de ação e reação (carma). Representa período de lutas com vistas à autoanálise, a fim de haver modificações. Sem monotonia.

Casa 2 (Touro) – A sorte permite melhora nos lucros. Sucesso em projetos envolvendo dinheiro.

Casa 3 (Gêmeos) – Irmãos ou outros parentes com possíveis problemas financeiros. Modificações em suas vidas.

Casa 4 (Câncer) – Em casa, a situação é mais ou menos tranquila. Equilíbrio. Renovação e modificações. Mudança de residência.

Casa 5 (Leão) – Modificação. Renovação afetiva. Reforço de afetos. Caso haja um amor, pode entrar outro na vida da pessoa.

Casa 6 (Virgem) – Trabalho favorecido, principalmente no comércio em geral. Avanço no campo profissional. Projetos concretizados. Novas energias e inquietações. Mudanças em geral. Saúde favorecida. Atenção às alterações de estado de ânimo.

Casa 7 (Libra) – Sentimentos fortes. Indícios de encontros por mudanças ou viagens. Novas relações.

Casa 8 (Escorpião) – Sexualidade ativada. Mudanças favorecidas. Transformações. Cautela e atenção com dinheiro.

Casa 9 (Sagitário) – Excelente no âmbito espiritual. Possibilidades no plano esotérico. Estudos favorecidos.

Casa 10 (Capricórnio) – Sucesso com responsabilidade. Renovação. Atenção à oscilação da Roda da Fortuna (altos e baixos).

Casa 11 (Aquário) – Harmonia nas amizades, com grande apoio. Realização de projetos.

Casa 12 (Peixes) – Fim de determinado carma, de um relacionamento ou de dificuldades. A Roda da Fortuna simboliza aqui os ciclos da vida ou as reencarnações.

Síntese – A carta dá movimento à vida e estimula as realizações ambiciosas.

"Doação", e mesmo "sacrifício" não significam "anulação". Há momentos na vida em que se deve sacrificar algo por amor ou por um bem maior. Entretanto, esse gesto deve ser sincero, e não apenas para agradar a alguém ou servir de justificativa à sociedade.

XI – IANSÃ

Casa 1 (Áries) – Alguém com muita energia (física, espiritual, intelectual), determinado, com disposição para a luta, que procura se harmonizar e encontrar o equilíbrio entre o espírito e a matéria. Domínio do eu. Compreensão do mundo. Alguém de bem consigo mesmo. Aspirações materiais. Poder de dirigir assuntos materiais. Clareza exata em julgamentos. Inteligente. O magnetismo pessoal vence desafios.

Casa 2 (Touro) – Situação financeira sólida, equilibrada. Lucros. Disposição para enfrentar riscos.

Casa 3 (Gêmeos) – Tudo positivo. Não se preocupa com a família e os parentes.

Casa 4 (Câncer) – Paz, equilíbrio, satisfação. Rédeas curtas. Atenção aos inimigos.

Casa 5 (Leão) – Tudo ótimo no amor. Sentimentos poderosos e profundos. Novas ligações sentimentais. Poder de conquista em alta. Pessoa sedutora. Ao se casar, terá força nas dificuldades e aflições. Retorno de ex parceiro(a).

Casa 6 (Virgem) – Sucesso, tudo positivo no trabalho. Psicoterapia. Trabalho das paixões (equilíbrio). Poder de conquista. Clareza mental. Pessoa que trabalha muito. Boa saúde. Atenção à obesidade, aos problemas sexuais, ou ainda, aos problemas sanguíneos e à anemia.

Casa 7 (Libra) – Pessoa possessiva, ciumenta. Ótimo(a) parceiro(a). Bom relacionamento. Pessoa sedutora. Período de boas realizações. Paixões arrebatadoras.

Casa 8 (Escorpião) – Sexualidade ativa e de ótima qualidade. Pessoa incandescente. Lucros. Pessoa que vence pela persistência e pela calma. Sorte financeira.

Casa 9 (Sagitário) – Grande força interior, fé, amor. Pessoa altamente espiritualizada. Encontro com forças animais (ganância, ódio, vingança etc.).

Casa 10 (Capricórnio) – Realização total. Deve-se trabalhar a obstinação e o egocentrismo. Sucesso com reconhecimento público. Futuro promissor.

Casa 11 (Aquário) – Ótimos amigos. Pessoa confiante e segura, envolvente, que "doma" os amigos.

Casa 12 (Peixes) – Pessoa desanimada, aborrecida. Deve-se observar a vida com outros olhos. Atenção para não se deixar vitimar por força superior.

Síntese – A carta representa a dominação das dificuldades, a força total. Na carta, a mulher não elimina o animal. Ao contrário, doma-o.

XII – LOGUN-EDÉ

Casa 1 (Áries) – Alguém acomodado, submisso, impotente, passivo, com moral baixo, que renunciou a si mesmo. Com calma forçada, carrega o mundo nas costas. Representa, ainda, renúncia, idealismo exagerado, sacrifício voluntário, crise interna que demanda solução imediata, influências cármicas. De aspecto trágico, com tendência à depressão.

Casa 2 (Touro) – Atenção a perdas e roubos. Perigo de perdas e fracassos financeiros. O aspecto material estará embaraçado. Compromissos financeiros não serão honrados.

Casa 3 (Gêmeos) – Clima péssimo. Pessoa sem ação, que não sabe o que fazer. Aborrecimentos e contrariedades com a família.

Casa 4 (Câncer) – A pessoa não se sente bem em casa. Impotência. Doação ao extremo, anulação. Abuso de confiança. Deve-se trabalhar o desapego, a fim de ver a vida com outros olhos.

Casa 5 (Leão) – Muito sofrimento, sem diversão. Pessoa que não cuida de si mesma (Sempre em último plano). Fim de um amor. Traição. Rompimentos afetivos. Traição doméstica. Aborrecimentos com os filhos.

Casa 6 (Virgem) – Desânimo. Possibilidade de problemas no trabalho. Não se deve associar a ninguém.

Possibilidade de perda de emprego. Parada forçada. Dissabores. Atenção à depressão nervosa, à perda de vitalidade, aos problemas cármicos.

Casa 7 (Libra) – Sacrifício inútil, resignação. A pessoa não cuida de si mesma. Rompimentos afetivos. Falsas esperanças no amor. Indecisão no terreno afetivo.

Casa 8 (Escorpião) – Sexo sem satisfação. Transformação profunda. Lucros parados. Mudança de vida. Fadiga e moral baixo. Desonestidade.

Casa 9 (Sagitário) – Progresso espiritual de cunho místico ou de mediunidade dita "de incorporação" ou "de mesa branca". Resignação, renúncia, paz interior. Risco de perda de processos. Evolução espiritual por meio do sacrifício.

Casa 10 (Capricórnio) – Desilusão, dificuldades na família. Bom médico (ou curador). Bom psicólogo (ou conselheiro). Abandono de responsabilidades.

Casa 11 (Aquário) – Sem amigos. Falsos amigos. Ajuda mais do que recebe. Solidão. Decepção provocada por pessoa amiga. Atenção e cuidado.

Casa 12 (Peixes) – Missão espiritual, necessidade de evoluir espiritualmente. Busca pelo significado mais profundo. Abertura espiritual. Atenção às prisões. Destino coloca a pessoa em xeque-mate. Algo procurado conscientemente.

Síntese – A carta anuncia um longo período de dificuldades, de encontro com a sabedoria, de ampliação de horizontes. Para a pessoa, o passado é o melhor momento para o amor: não vai à luta para encontrar o(a) parceiro(a) com o perfil desejado.

XIII – BABÁ EGUN

Casa 1 (Áries) – Tristeza, atrasos, renovações, desligamentos. Transformações como regeneração espiritual após o reconhecimento de futilidades. Abertura de caminhos para novos esforços. Atualização.

Casa 2 (Touro) – Finanças em crise. Ganhos difíceis. Pressões e obrigações inquietam. Grandes gastos. Contratos rompidos ou não renovados.

Casa 3 (Gêmeos) – Brigas. Rupturas com irmãos ou outros parentes. Separação. Notícia ruim. Risco em pequenas viagens. Afastamento.

Casa 4 (Câncer) – Doenças na família. Transformação, transmutação, ruptura em família. Dar um basta à situação.

Casa 5 (Leão) – Separação. Afastamento. Divórcio. Sofrimento. Fim de sentimentos de determinada esperança. Ruptura amorosa.

Casa 6 (Virgem) – Fim de período profissional. Mudanças radicais. Renovação completa. Aposentadoria ou perda de emprego. Contrato rompido. Atenção à fadiga e aos ferimentos.

Casa 7 (Libra) – Lágrimas, separação, sofrimento. Fim de uma relação. Rompimento de sociedade. Parceiro(a) passa por situação ruim.

Casa 8 (Escorpião) – As transformações liberam lutas e dificuldades, isto é, problemas são cortados. Necessidade de acertar o passado para reconstruir um futuro melhor. Luto. Medo de sexo. Atenção às doenças ditas "incuráveis". Dinheiro por herança.

Casa 9 (Sagitário) – Fé. A passagem de um estado para outro prepara para o renascimento interior.

Casa 10 (Capricórnio) – A morte como renovação. Luto em família. A morte libera de lutas e dificuldades.

Casa 11 (Aquário) – Fim de amizades. O desapego cria lugar para pessoas novas. Transformações no que tange às amizades. Necessidade de atualizar-se.

Casa 12 (Peixes) – Sofrimento e agonia, isto é, a libertação por meio da morte (não necessariamente física) e do renascimento para uma nova vida. Tudo se transforma, anda, cessa. Atenção a operações ou a doenças. Resolução de algo pendente.

Síntese – A carta pede o abandono do passado para se viver o presente e o futuro. Representa, ainda, as diversas pequenas mortes pelas quais cada um passa na vida.

XIV – OXUMARÉ

Casa 1 (Áries) – Alguém paciente, sociável, modesto, moderado, que aprecia ser respeitado, livre. Vive o momento. Adaptável a situações e circunstâncias. Sereno, autocontrole. Sem cobranças. Dependente, sem iniciativa.

Casa 2 (Touro) – Excelentes melhorias nas finanças. Boa evolução e perfeito equilíbrio naquilo que se inicia. Dinheiro a conta-gotas.

Casa 3 (Gêmeos) – Sem problemas, sem cobranças. Novas amizades em viagens.

Casa 4 (Câncer) – Serenidade no lar. A pessoa respeita a liberdade, a personalidade, o modo de pensar dos outros.

Casa 5 (Leão) – Amor sem paixão, mas com harmonia. Amor durável.

Casa 6 (Virgem) – Profissionalmente bem: evolução lenta, porém regular. Modificações no trabalho. Atenção aos rins.

Casa 7 (Libra) – Pessoa pouco presente. Desejo de apaixonar-se. Gosta de relações paralelas. Na família, age com serenidade. Falta tempero à relação: há mais afeto do que pele. Confirmação de novos encontros e laços sinceros.

MÉTODOS DE LEITURA

Casa 8 (Escorpião) – No sexo, vive o momento. Favorável aos estudos.

Casa 9 (Sagitário) – A pessoa acredita na força espiritual e em si mesma. Evolução intelectual.

Casa 10 (Capricórnio) – A pessoa se sente realizada e livre na profissão. Além disso, contenta-se com o que tem. Progresso.

Casa 11 (Aquário) – Amigos certos e presentes quando necessário. Pessoa confiável. Aumento do número de amigos.

Casa 12 (Peixes) – A pessoa busca a liberdade e a elevação espiritual. Atenção às alterações profissionais.

Síntese – A carta evoca o eterno recomeço, a liberdade e a paciência para esperar.

XV – EXU

Casa 1 (Áries) – Alguém inteligente, com grande influência sobre os outros. Por vezes, sem escrúpulo, de modo a destruir os outros para obter sucesso ("passar por cima"/ "puxar o tapete"). Personalidade mandona. Aprecia confusão, trambique. Pessoa com poderes paranormais. Paixões violentas. Ação mágica. Magnetismo. Alguém que teme um pouco a vida. Situações consideradas como "fundo do poço".

Casa 2 (Touro) – Lucro no âmbito material considerado positivo. Ganhos importantes. Nem sempre nos negócios, as ações estão de acordo com a lei. Honestidade duvidosa. Obsessão material.

Casa 3 (Gêmeos) – Brigas e discussões. Clima não favorável à família. Dons ocultos.

Casa 4 (Câncer) – Desentendimentos, problemas em família. Influência de energias negativas.

Casa 5 (Leão) – Relações fortes e dominadoras. Ciúme e paixão. Atenção aos filhos (vícios, companhias etc.).

Casa 6 (Virgem) – Sucesso profissional. Caminhos favoráveis para alcançar objetivos. Atenção ao jogo, ao álcool, às drogas etc. A pessoa pode passar por cima de outros para obter resultados desejados ("Pisar em alguém para subir."). Grande potencial para ganhar muito dinheiro. Necessidade de trocar ideias, fazer conhecer o trabalho. Atenção a trompas e ovários. No caso do consulente do sexo masculino, também observar o aparelho reprodutor.

Casa 7 (Libra) – Início de paixão (pele, cama). Ligações passageiras. Tendência a outras relações (A pessoa tem tendência ao chamado "adultério", pois age como o conhecido "garanhão de rua"). Paixões violentas. Pessoa dominadora.

Casa 8 (Escorpião) – Sexualidade à flor da pele (dito "furor uterino"). Sucesso positivo nas ambições. Pessoa propensa a situações ruins.

Casa 9 (Sagitário) – Evolução mais material do que espiritual.

Casa 10 (Capricórnio) – Sucesso. Atenção. Deve-se estar com o pé atrás. A pessoa não é sincera. Pessoa ambiciosa. Notícias da morte de alguém.

Casa 11 (Aquário) – Situação não favorável a amigos. A pessoa não se importa com amigos, amizades. Suspeita de traição.

Casa 12 (Peixes) – Problemas cármicos. Medo de prisão. Negócios escusos.

Síntese – A carta representa desejos e tentações.

XVI – TEMPO

Casa 1 (Áries) – A carta representa choques, conturbações, período difícil e/ou confuso, contrariedade de projetos, desmoronamentos de toda sorte, separação de casais, cortes, possíveis acidentes, provações. Necessidade de rever valores, conceitos, de estar alerta. Alguém que tem facilidade em atrair pessoas carentes.

Casa 2 (Touro) – Nada dá certo. Falta de dinheiro coloca a pessoa em situação preocupante. Atenção a falências e sociedades, a perdas nos negócios.

Casa 3 (Gêmeos) – Nada dá certo com irmãos e outros parentes. A pessoa deve evitar viajar, pois há riscos de acidentes. Brigas. Dificuldades na família.

Casa 4 (Câncer) – Caos doméstico. Desejo de sumir de casa, de fugir. Acontecimentos traumatizantes, porém a situação ficará mais clara. Possibilidade de separação. Atenção a perdas, acidentes, desentendimentos.

Casa 5 (Leão) – A pessoa comporta-se como um déspota no âmbito dos sentimentos, sem caridade, sem amor. Problemas com filhos. Saída de casa. Perturbações na vida afetiva.

Casa 6 (Virgem) – Atenção ao trabalho (perda de emprego, demissão, mal-entendido). Rupturas. Hospital ou operação. Saída de uma longa doença com êxito. Atenção à coluna vertebral.

Casa 7 (Libra) – Desacordos conjugais, conflitos, separação de pessoas que se amam.
Casa 8 (Escorpião) – Sem vontade para o sexo. Abalos súbitos e marcantes. Atenção à saúde.
Casa 9 (Sagitário) – Confusão. Advertência. Queda do espírito humano. Atraso espiritual.
Casa 10 (Capricórnio) – Atenção a calúnias e difamações. Sem visão para o futuro. Momento de desmoronar para reconstruir. Problemas com a Justiça.
Casa 11 (Aquário) – Conflitos com amigos. Separação. Dificuldades.
Casa 12 (Peixes) – Confusão. Perigo de permanecer na mesma situação. Choque de ideias. Endurecimento da alma humana. Risco de acidentes.

Síntese – A carta apresenta conturbação e choque, experiências necessárias ao crescimento e ao progresso. Solicita, portanto, reflexão, pois se trata de um momento para parar e pensar (projeto de reconstrução).

XVII – OXUM

Casa 1 (Áries) – Alguém sonhador, despojado, intuitivo, esperançoso, com amor pela humanidade, pela beleza, com sentimentos puros, fé, inspiração/intuição. Fé, obstinação, otimismo: boas expectativas.

Casa 2 (Touro) – Rendimentos proveitosos. Lucros protegidos. Preocupações afastadas. Intuições. Equilíbrio financeiro. Sem dificuldades.

Casa 3 (Gêmeos) – Boas relações. Viagens curtas. Harmonia. Notícias. Pessoa prestativa para a família.

Casa 4 (Câncer) – Sorte. Tudo caminha de modo positivo. Bom relacionamento em casa.

Casa 5 (Leão) – Sentimentos profundos. Realização familiar. Felicidade conjugal.

Casa 6 (Virgem) – Sucesso profissional, principalmente no que tange à beleza (artes, artesanato, alimentação etc.). Boa saúde. Atenção à rinite e à sinusite.

Casa 7 (Libra) – Realização de todos os desejos afetivos. Sinceridade. Felicidade conjugal.

Casa 8 (Escorpião) – Sexo morno. Lucros concretos. Mudanças favorecidas. A pessoa deve estar atenta para não viver no futuro, nos sonhos.

Casa 9 (Sagitário) – Muita fé em si mesmo. Força regeneradora. Processos e estudos favoráveis.

Casa 10 (Capricórnio) – Sucesso profissional, público, social. Tudo tende a melhorar. Realização de um desejo.

Casa 11 (Aquário) – Novas amizades. Encontros harmoniosos. Clima calmo para amizades.

Casa 12 (Peixes) – Esperança de viver e proteção em todos os setores. Influência positiva e benéfica.

Síntese – A carta aponta para a fé, a esperança com êxito, a perseverança, a confiança no êxito.

XVIII – EUÁ

Casa 1 (Áries) – Alguém angustiado, decepcionado, sensível, intuitivo, confuso, inseguro, com medo de ficar só, insatisfeito. Excesso de imaginação. Instabilidade. Magia. Alquimia. Atração por assuntos místicos. Necessidade de prudência, de agir mais lentamente.

Casa 2 (Touro) – Dificuldades financeiras, as quais, com cuidado, podem melhorar. Momento de quietude, de ganhos com cuidado, sem riscos, sem assinar documentos "no escuro". Imaginação e criação favorecidas. Momento bom para lidar com o público.

Casa 3 (Gêmeos) – Problemas com irmãos e outros parentes. A pessoa deve falar menos de sua vida pessoal.

Casa 4 (Câncer) – Angústia com gastos excessivos. Necessidade de mais organização. Possibilidade de mudança de residência.

Casa 5 (Leão) – Gravidez favorável. Saudades. Sonhos intensos. Vícios. Se estiver com alguém, o parceiro(a) pode ser casado(a). Mudanças no trabalho ou viagens a serviço.

Casa 6 (Virgem) – Mudanças, crises de angústia. Chamada de atenção, do tipo "puxada de tapete". Novas oportunidades. Possibilidade de dispensa ou troca de setor. Ações executadas às escondidas ("por debaixo

do pano"). Atenção à depressão, ao sistema linfático. A pessoa deve procurar lugares secos e com muito sol.
Casa 7 (Libra) – Insatisfação. A pessoa poderá trair às escondidas. Sentimentos confusos. Ciúmes. Desordem. Decepção. Tristeza. Desilusão. Saudade. Falsas aparências.
Casa 8 (Escorpião) – Sensualidade. Atenção aos contágios. Magia. Feitiços. A pessoa deve seguir a intuição e apostar na sorte. Problemas de saúde. Atenção aos genitais (principalmente os femininos).
Casa 9 (Sagitário) – Contradições internas. Dúvidas. Caminhos obscuros. Processos desfavoráveis. A pessoa deve estar atenta com quem fala (Sobretudo sob a ótica da espiritualidade.).
Casa 10 (Capricórnio) – Insegurança. Difamação. Discórdia. Necessidade de organização do presente.
Casa 11 (Aquário) – Amigos falsos. Discórdia. Solidão. Discussões.
Casa 12 (Peixes) – Medos. Insegurança. Reflexão. Sonhos. Saudades. Dificuldades conjugais. Problemas espirituais.
Síntese – A carta simboliza o tempo que passa. Para períodos difíceis, pede calma e atenção.

XIX – IBEJIS

Casa 1 (Áries) – Amor, alegria, entusiasmo, poder. Sucesso em todas as situações. Casamento feliz. Aceitação da vida. O brilho da pessoa pode incomodar os outros (inveja). Deve-se lutar para o triunfo permanecer, não se acomodar.

Casa 2 (Touro) – Importantes ganhos materiais. Ótimas situações. Caminho de abundância aberto: as preocupações deixam de ter sentido. Esforços coroados com êxito.

Casa 3 (Gêmeos) – Pequenas viagens favorecidas. Tudo positivo com irmãos e outros parentes.

Casa 4 (Câncer) – Sorte. Novos relacionamentos. Ambiente de paz.

Casa 5 (Leão) – Amor e afeto favorecidos. Alegria e harmonia com os filhos.

Casa 6 (Virgem) – Promoção no trabalho. Excelente período de sucesso. Possibilidade de brilhar. Boa saúde. Atenção às queimaduras, ao colesterol e aos problemas cardíacos.

Casa 7 (Libra) – Início de relações afetivas muito felizes. Casamento. Felicidade. Amor a dois. Promessas benéficas em evolução. Grandes sentimentos.

Casa 8 (Escorpião) – Sexo ótimo. Grandes lucros. Grandes transformações, com sucesso. Melhora financeira.

Casa 9 (Sagitário) – Alma que se ilumina, de modo a irradiar o amor espiritual. Encontro amoroso em viagem.

Casa 10 (Capricórnio) – Caminho dos caminhos para o sucesso. Tudo brilhará, com sucesso.

Casa 11 (Aquário) – Amizades triunfam. Grande apoio de amigos.

Casa 12 (Peixes) – Espiritualidade e iluminação interior. Amor espiritual.

Síntese – A carta apresenta luz, harmonia nas questões afetivas, materiais e espirituais, além de felicidade, sucesso e fechamento positivo.

XX – PRETOS-VELHOS

Casa 1 (Áries) – Necessidade de despertar para a vida e/ou para uma nova oportunidade. Renovação, atualização, já que nada é eterno. Ressurreição do que se acreditava morto. Situação que reanima a pessoa. Despertar da consciência. Necessidade de sair da apatia. Modificação de projetos. Evolução de si mesmo. Experiências profundas. Esperanças em momentos de desespero. Deve-se aprender a perdoar.

Casa 2 (Touro) – Estabilidade nos negócios, com pequenos ganhos. Sorte associada ao sucesso predomina sobre aborrecimentos. A pessoa deve/pode abrir uma caderneta de poupança (de modo geral, poupar).

Casa 3 (Gêmeos) – Sem irradiação na casa 3. Notícias repentinas. Viagens protegidas. A pessoa é dedicada à família: boa parte do que ganha fica para a família. Cobrança familiar.

Casa 4 (Câncer) – Domínio do passado. No lar, tudo com julgamentos corretos. Apesar da dedicação, a pessoa não consegue satisfazer os outros. Perturbações no lar.

Casa 5 (Leão) – Início de novos encontros. Libertação de sofrimento no amor (despertar). Filhos com real satisfação. Alguém novo(a) na vida da pessoa. Possibilidade do retorno de um ex.

Casa 6 (Virgem) – Concretização no trabalho. Mudanças rápidas com sucesso. Promoções previstas. Remoções no campo profissional. Atenção à apatia, às insatisfações, à depressão.

Casa 7 (Libra) – Pessoa com grande sentimento. Libertação de sofrimento. Amor feliz. Amor à primeira vista. Alguém novo na vida da pessoa. Cobranças modificam o relacionamento.

Casa 8 (Escorpião) – Não tem irradiação na casa 8. Domínio do passado. Mudanças protegidas. Viagens. Proteção, apoio.

Casa 9 (Sagitário) – Grande espiritualidade. Estágio superior. Domínio do passado. Viagens repentinas. Estudos favoráveis. Liberação de algo (Justiça).

Casa 10 (Capricórnio) – Sucesso profissional e social. Estabilidade familiar. Modificação na vida da pessoa (fato de grande importância).

Casa 11 (Aquário) – Harmonia com amigos. Ajuda. Apoio positivo. Cobranças no campo da amizade (Perturbações decorrentes de fatos que vêm à tona ou de fofocas.).

Casa 12 (Peixes) – Medo do julgamento dos outros. Espírito elevado, de modo a resgatar os carmas dessa vida. Cobrança de inimigos ocultos. Abandono do passado. Morte.

Síntese – A carta evoca um novo renascer.

XXI – CABOCLOS

Casa 1 (Áries) – Alguém seguro, correto, harmonioso, de bom caráter. Vitória. Sucesso. Obstáculos. Dispersão, dificuldade de concentração. A pessoa pode sentir-se um tanto presa e, portanto, busca equilíbrio.

Casa 2 (Touro) – Realizações financeiras grandiosas, sempre em crescimento. Entrada fácil de dinheiro. A pessoa busca equilíbrio financeiro. Proteção. Fortuna. Negócios sólidos.

Casa 3 (Gêmeos) – Equilíbrio total com irmãos e outros parentes. Viagens favorecidas. A pessoa vive num mundo tacanho.

Casa 4 (Câncer) – Equilíbrio em casa. Novo lar. A família terá ajuda necessária de outras pessoas.

Casa 5 (Leão) – Amor sincero. Amor pela humanidade. Afetos harmoniosos. Novo amor equilibrado.

Casa 6 (Virgem) – Sucesso no emprego. Tudo o que a pessoa fizer será bem feito. Todos concordam com a pessoa. Ótima saúde.

Casa 7 (Libra) – Amor altruísta. Perfeição. Novo conhecimento. A pessoa detesta sentir-se presa. Energia afetiva e emoção.

Casa 8 (Escorpião) – Vida sexual ativada, a mil. Lucros. Sucessos. Heranças. Mudanças em geral. Proteção no campo financeiro.

Casa 9 (Sagitário) – Elevação espiritual. Amor pela humanidade. Supremacia mental e psíquica. Esoterismo favorável. Viagens ao exterior. Vacinas. Alerta. Novo casamento.
Casa 10 (Capricórnio) – Negócios sólidos e brilhantes. Sucesso total e público. Realização com reconhecimento público. Êxito.
Casa 11 (Aquário) – Amizades sólidas e fortes. Ajuda. Apoio. Todos os projetos se realizarão.
Casa 12 (Peixes) – Espiritualidade desenvolvida. Quitação de débito cármico. Sorte oculta. Equilíbrio. Dificuldades serão limitadas pela sorte oculta. Vigilância quanto à saúde. Indício de cura.
Síntese – A carta indica sabedoria, espiritualidade e força geradora.

> A possibilidade de quitação de débitos cármicos e/ou de viver a última reencarnação neste plano dependem não apenas de uma programação feita no plano espiritual, mas também da maneira como cada qual vive. Mais uma vez, portanto, as cartas do Tarô, como tantos outros sistemas de oráculos apresentam-se como pistas a nortear os caminhos, e não como algo definitivo que, portanto, desconsideraria o exercício do livre-arbítrio.

ORIENTAÇÕES

O tarólogo deve identificar-se com o sistema de cartas escolhido, bem como com o baralho com o qual trabalhará. Por essa razão, alguns professores sugerem colocar sob o travesseiro cada uma das cartas (ou ao menos as dos Arcanos Maiores) durante uma semana e dormir sobre ela. Também se sugere manipular bastante o baralho, a fim de impregná-lo da sua energia pessoal.

Cada qual deve escolher um ritual com o qual se identifique. Deve o baralho ser guardado com cuidado e carinho, numa sacolinha, numa caixa, envolto num pano ou da forma considerada mais confortável pelo tarólogo.

Como sou reikiano, fiz uma aplicação (presencial e reprogramada) no meu Tarô de Marselha e, antes de cada trabalho e/ou leitura, mentalizo os símbolos Reiki. Além disso, utilizei-me de uma técnica ensinada por minha professora de Tarô, a escolha do dono do Tarô e da carta que cobrirá o baralho. Após uma mentalização/prece, baralham-se as cartas e sorteia-se uma, que será o dono do Tarô, colocada sempre como a primeira no momento de organizar o baralho.

A seguir, escolhe-se uma carta para cobrir o baralho, a qual ficará *de frente* sobre a carta do dono do

MÉTODOS DE LEITURA

Tarô, como se a beijasse. Essa disposição das cartas independe de serem guardadas ou não na sequência: a carta-dono sempre será a primeira e estará coberta por aquela escolhida pelo tarólogo. Particularmente, prefiro deixar meu baralho sempre na sequência (0 a XXI), com exceção da XII, sempre a primeira, posto ser a carta-dono, e a I, que cobre o conjunto de cartas.

Com o tempo e a afinidade com a Linha Cigana, no meu caso, firmezas, aberturas e fechamentos de sessões de leitura passaram a ser mais direcionados e guiados tanto por essa Linha quanto pelos Orixás, Guias e Guardiões. Em especial, no caso do Tarô dos Orixás, as consagrações, firmezas, aberturas e fechamentos são ainda mais direcionados. Uso formas particulares, que, certamente, poderão não ser as mesmas utilizadas por outros irmãos.

Por razões de sintonia energética, convém separar um pano exclusivo para dispor as cartas, todavia se, e quando isso não for possível, seja feita um mentalização e/ou uma prece e se utilize o material disponível, pois a intenção é o mecanismo central de qualquer trabalho espiritual, energético, e não o ritual em si.

Após o corte, as cartas podem ser dispostas pelo tarólogo, conforme a sequência do monte que tem em mãos, ou escolhidas pelo consulente. Para tanto, podem ser dispostas num monte, em montes, em leque ou de outras formas confortáveis tanto para o tarólogo quanto para o consulente.

No caso de leitura envolvendo terceiros ou pessoas não presentes, deve-se sempre respeitar o livre-arbítrio e a intimidade dessas pessoas. Um caminho bastante importante é pedir licença aos Orixás, Guias, Anjos etc. dessas pessoas para que a leitura, sempre pautada pela ética e pelo amor, seja positiva e proveitosa.

BIBLIOGRAFIA

LIVROS

BANZHAF, Hajo. *O Tarô e a Viagem do Herói*. São Paulo: Pensamento, 2005.

BARBOSA JR., Ademir (Prof. Dermes). *Mitologia dos Orixás*. São Paulo: Anúbis, 2014.

_____. *Transforme sua vida com a Numerologia*. São Paulo: Universo dos Livros, 2007.

_____. *Transforme sua vida com o Tarô*. São Paulo: Universo dos Livros, 2007.

_____. *Tarô* (Coleção Terapias Complementares). São Paulo: Case Editorial, 2011.

GASPAR, Eneida Duarte. *Tarô dos Orixás – Senhores do Destino*. 3ª ed., Rio de Janeiro: Pallas, 2006.

GODO, Carlos. *O Tarô de Marselha*. São Paulo: Pensamento, 2005.

FERNANDES, Fernanda. *Desvendando Tarô*. 3ª ed. Rio de Janeiro: Pallas, 2003.

FERREIRA, António. Gomes. *Dicionário de Latim-Português*. Porto: Porto Editora, 1982.

KAPLAN, Stuart R. *El Tarot*. Barcelona: Plaza e Janes Editores, 1993 (tradução de Juan Moreno).

LERNER, Isha e LERNER, Mark. *O Tarô da Criança Interior*. São Paulo: Cultrix, 2004.

MARSICANO, Alberto e VIEIRA, Lurdes de Campos. *A Linha do Oriente na Umbanda*. São Paulo: Madras, 2009.

MARTÍ, Agenor. *Meus oráculos divinos: revelações de uma sibila afrocubana*. Rio de Janeiro: Bertrand Brasil, 1994 (tradução de Rosemary Moraes).

APOSTILAS

BITENCOURT, Adélia *Curso de Tarot*. São Vicente, 2005 (fotocópia).

GUASSIMARA. *Curso de Tarot*. São Vicente, 2005 (fotocópia).

O AUTOR

Ademir Barbosa Júnior (Dermes) é umbandista, escritor, pesquisador e Pai Pequeno da Tenda de Umbanda Iansã Matamba e Caboclo Jiboia, dirigida por sua esposa, a escritora e blogueira Mãe Karol Souza Barbosa.

Outras publicações

TARÔ DE MARSELHA – MANUAL PRÁTICO
Ademir Barbosa Júnior (Dermes)

O Tarô consiste num oráculo, num instrumento de autoconhecimento, de observação e apreensão da realidade, consultado por meio de cartas.

Como as cartas (ou lâminas, numa terminologia mais técnica), nas mais diversas representações no tempo e no espaço, tratam de arquétipos universais – e o objetivo deste livro não é estabelecer a história do Tarô, o que diversos bons autores já fizeram –, todas as atenções se concentrarão no tipo de baralho estudado: o Tarô de Marselha.

Acompanha um baralho com 22 cartas coloridas, dos Arcanos Maiores.

Formato: 14 x 21 cm – 160 páginas

REIKI – A ENERGIA DO AMOR
Ademir Barbosa Júnior (Dermes)

Este livro resulta, sobretudo, do diálogo fraterno com reikianos, leitores, interlocutores virtuais e outros.

Não tem a intenção de esgotar o assunto, mas abrirá canais de comunicação para se entender ainda mais a vivência e a prática do Reiki.

Nas palavras de Jung, "Quem olha para fora, sonha; quem olha para dentro, acorda.". O Reiki é um excelente caminho para quem deseja viver conscientemente o dentro e o fora. Basta ter olhos de ver e abrir-se à Energia, no sistema Reiki, por meio de aplicações e/ou de iniciações.

Formato: 16 x 23 cm – 192 páginas

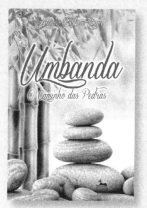

DICIONÁRIO DE UMBANDA

Ademir Barbosa Júnior (Dermes)

Este dicionário não pretende abarcar toda a riqueza da diversidade do vocabulário umbandista em território nacional e no exterior, muito menos das suas variações litúrgicas, das vestimentas, do calendário, dos fundamentos etc., a qual muitas vezes varia de casa para casa, de segmento para segmento.

Como critério de seleção, optou-se pelos vocábulos de maior ocorrência, contudo sem desprezar regionalismos, variantes e outros.

Vocábulos específicos dos Cultos de Nação aparecem na lista, ou porque fazem parte do cotidiano de algumas casas de Umbanda, ou porque se referem a práticas comuns nas casas ditas cruzadas.

Formato: 16 x 23 cm – 256 páginas

UMBANDA – O CAMINHO DAS PEDRAS

Ademir Barbosa Júnior (Dermes)

O resumo desse farto material compõe as narrativas que se seguem, nas quais, evidentemente, preservei as identidades dos encarnados e desencarnados envolvidos, bem como as identidades dos Guias e Guardiões, assim como as dos templos umbandistas.

Para facilitar a compreensão e privilegiar a essência dos casos estudados, cada narrativa é a síntese de visitas, conferências e exibições de casos, sem que se aponte a cada instante qual o método utilizado.

As narrativas possuem caráter atemporal e representam algumas das sombras da alma humana, em constante evolução, com ascensões e quedas diárias. Tratam de situações que ocorrem em qualquer ambiente, recordando o conselho crístico de orar e vigiar.

Formato: 16 x 23 cm – 144 páginas

Outras publicações

POR QUE RIEM OS ERÊS E GARGALHAM OS EXUS?

Ademir Barbosa Júnior (Dermes)

Há diversos livros sobre Espiritualidade e bom humor em diversos segmentos religiosos ou espiritualistas. Este livro é uma pequena contribuição para o riso consciente, saboroso, e não para o bullying ou para se apontar o dedo. O objetivo é rir *com*, e não rir *de*.

Em tempo, além de motivados pela alegria, os Erês riem também para descarregar os médiuns, tranquilizar e suavizar os que falam com ele, harmonizar o ambiente etc.

Já os Exus e as Pombogiras gargalham não apenas por alegria. Suas gostosas gargalhadas são também potentes mantras desagregadores de energias deletérias, emitidos com o intuito de equilibrar especialmente pessoas e ambientes.

Formato: 14 x 21 cm – 128 páginas

NO REINO DOS CABOCLOS

Ademir Barbosa Júnior (Dermes)

Este livro é um pequeno mosaico sobre os Caboclos, estes Guias tão importantes para o socorro e o aprendizado espirituais, cuja ação ultrapassa as fronteiras das religiões de matrizes indígenas e africanas para chegar, ecumenicamente e sob formas diversas, ao coração de todos aqueles que necessitam de luz, orientação, alento e esperança.

Formato: 16 x 23 cm – 144 páginas

ORIXÁS – CINEMA, LITERATURA E BATE-PAPOS

Ademir Barbosa Júnior (Dermes)

Este livro apresenta alguns textos para reflexões individuais e coletivas. A primeira parte dele aborda curtas e longas-metragens em que Orixás, Guias e Guardiões são representados, relidos, recriados. A segunda parte traz propostas de leituras da riquíssima mitologia dos Orixás, como oralitura e literatura. Já a terceira parte deste livro apresenta textos seminais para que se compreenda a história e a luta do Povo de Santo, bem como as alegrias e dores individuais da filiação de Santo.

Possam os textos sempre favorecer o diálogo e, quando necessário, contribuir para o debate.

MITOLOGIA DOS ORIXÁS – LIÇÕES E APRENDIZADOS

Ademir Barbosa Júnior (Dermes)

O objetivo principal deste livro não é o estudo sociológico da mitologia iorubá, mas a apresentação da rica mitologia dos Orixás, que, aliás, possui inúmeras e variadas versões.

Não se trata também de um estudo do Candomblé ou da Umbanda, embora, evidentemente, reverbere valores dessas religiões, ditas de matriz africana.

Foram escolhidos alguns dos Orixás mais conhecidos no Brasil, mesmo que nem todos sejam direta e explicitamente cultuados, além de entidades como Olorum (Deus Supremo iorubá) e as Iya Mi Oxorongá (Mães Ancestrais), que aparecem em alguns relatos.

Formato: 14 x 21 cm – 144 páginas

Formato: 16 x 23 cm – 144 páginas

Outras publicações

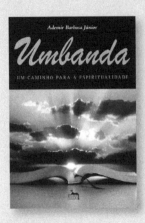

UMBANDA – UM CAMINHO PARA A ESPIRITUALIDADE

Ademir Barbosa Júnior (Dermes)

Este livro traz algumas reflexões sobre a Espiritualidade das Religiões de Matriz Africana, notadamente da Umbanda e do Candomblé. São pequenos artigos disponibilizados em sítios na internet, notas de palestras e bate-papos, trechos de alguns de meus livros.

Como o tema é amplo e toca a alma humana, independentemente de segmento religioso, acrescentei dois textos que não se referem especificamente às Religiões de Matriz Africana, porém complementam os demais: "Materialização: fenômeno do algodão" e "Espiritualidade e ego sutil".

Espero que, ao ler o livro, o leitor se sinta tão à vontade como se pisasse num terreiro acolhedor.

Formato: 16 x 23 cm – 144 páginas

SARAVÁ NANÃ

Ademir Barbosa Júnior (Dermes)

Orixá Nanã é a Senhora da vida (lama primordial) e da morte (dissolução do corpo físico na Terra), seu símbolo é o ibiri – feixe de ramos de folha de palmeiras, com a ponta curvada e enfeitado com búzios.

Segundo a mitologia dos Orixás, trata-se do único Orixá a não ter reconhecido a soberania de Ogum por ser o senhor dos metais: por isso, nos Cultos de Nação, o corte (sacrifício de animais) feito à Nanã nunca é feito com faca de metal.

Presente na chuva e na garoa: banhar-se com as águas da chuva é banhar-se com o elemento de Nanã.

Neste livro o leitor encontrará esclarecimentos e dúvidas como símbolos, cores, planetas e muito mais curiosidades ligados ao Orixá Nanã.

Formato: 14 x 21 cm – 144 páginas